锻炼脑力思维游戏
成语玩家

编著：王维浩

打草惊蛇
大惊小怪
说来话长
自始至终

吉林科学技术出版社

前言

玩，是少年儿童的天性。为了让少年儿童玩出乐趣，玩出新奇，玩出品位，玩出智慧，越玩越聪明，我们推出了"锻炼脑力思维游戏"系列图书。该系列图书共分八册，每册均以不同的内容为主题，编创了有趣的、异想天开的智力游戏题。游戏是伴随孩子成长的好伙伴，孩子会在游戏中开发大脑，收获知识。

本册《成语玩家》，是把我们常见的成语，用填空、画谜、字谜的形式展现在孩子们的面前，让孩子们通过画面和提示去观察、分析、推断出答案，轻松理解成语的含义，使孩子们能够学习和掌握更多的成语知识。

"锻炼脑力思维游戏"系列图书，图文并茂，集知识性、娱乐性和可操作性于一体，既能把课堂上学到的知识运用到游戏当中，又能使课堂上学到的知识得到相应的延展，既为孩子们开启了玩兴不尽的趣味乐园，又送上了回味无穷的益智美餐。

成语玩家

问题

图中的四行方格，开头两格都画着相同的图案。请你在后两格里分别添上两个字，使每行方格都能成为一条成语。

问题

请你从第一个成语的"一"字开始，完成这个成语填空。你能完成吗？

目 空 一 切

答案

井井有条
心心相印
星星之火
跃跃欲试

答案

目空一切
一视同仁
当仁不让
不可救药
良药苦口

成语玩家

问题

请你在空格处填上一个适当的词语，使每行包含三条成语，你会填吗？

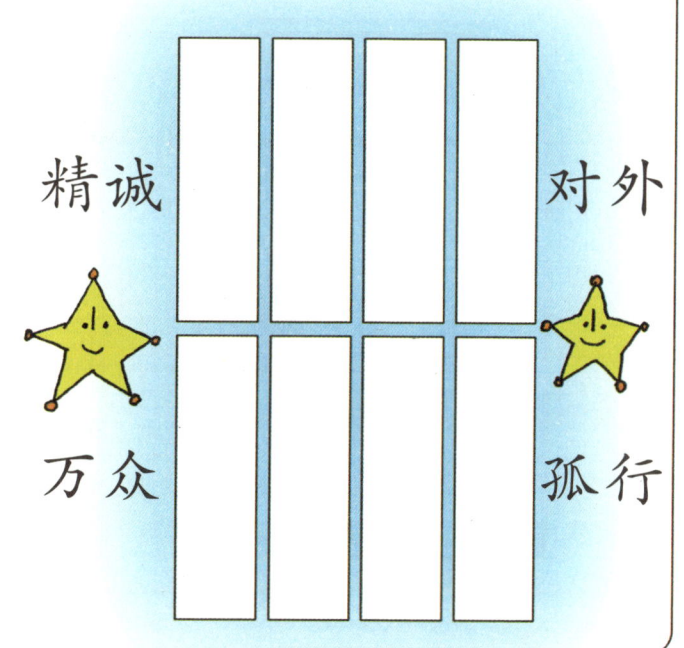

精诚　　　　　　对外

万众　　　　　　孤行

问题

请你在空格处填上适当的字，使其组成四条成语，你能办到吗？

五		四	
	三		四
七		六	
		一	

005

成语玩家

答案

精诚团结
团结一致
一致对外

万众一心
一心一意
一意孤行

精诚团结一致对外

万众一心一意孤行

五	湖	四	海
朝	三	暮	四
七	情	六	欲
窥	豹	一	斑

答案

五湖四海
朝三暮四
七情六欲
窥豹一斑

问题

请你在这个图形的空格里填满汉字，使其能纵横交错地组成八条四字成语。你能行吗？

	心	应	
在			风
炙		其	
先			盘

问题

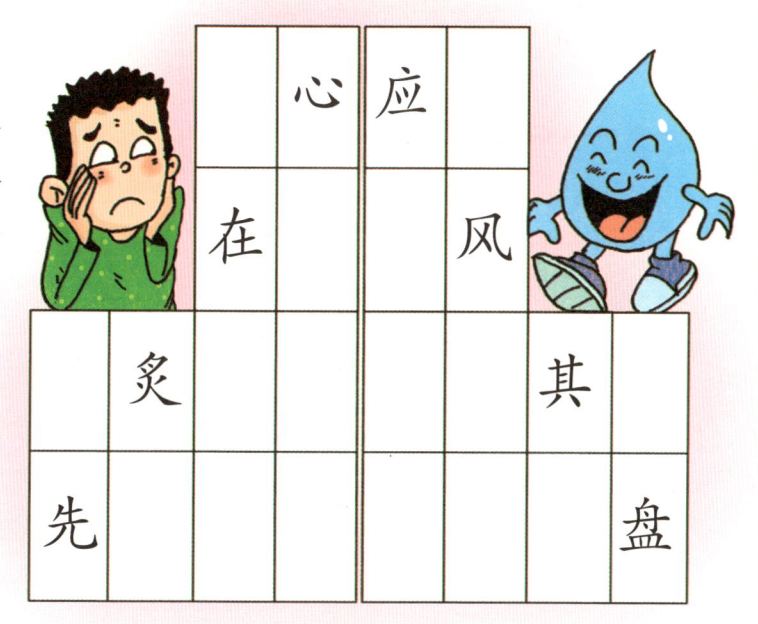

图中的四行方格，前两行方格的后部、后两行方格的前部都画着两格相同的图案。请你在前后两格里分别填上两个字，使每行都能成为一条成语。

成语玩家

答案

咱春风得意!

事	心	应	春		
在	直	付	风		
脍	炙	人	口	自	得	其	乐
先	睹	为	快	如	意	算	盘

答案

风风火火
风风雨雨
口口声声
星星点点

成语玩家

> **问题**

请你在后面空格处填上一个适当的词语，使每行包含三个成语，你能填出来吗？

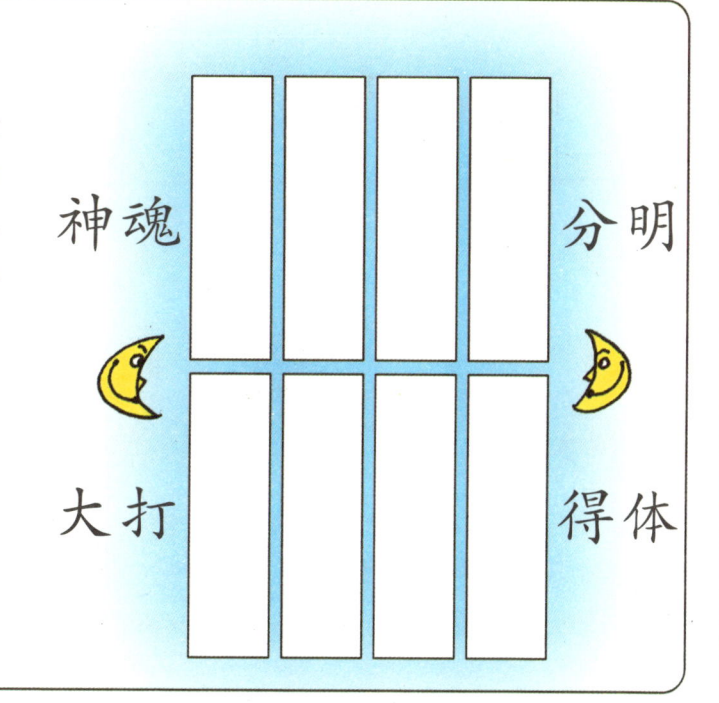

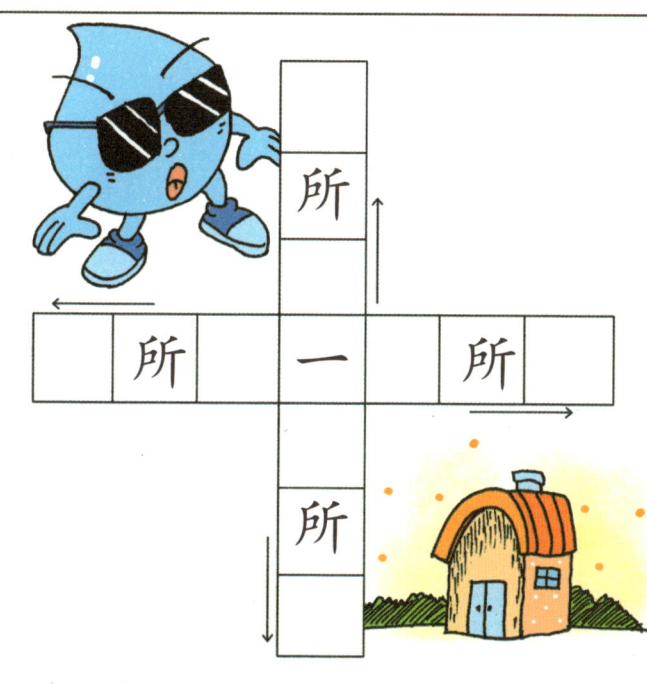

神魂 □□□□ 分明

大打 □□□□ 得体

> **问题**

十字格中心的字为成语之头，请你在空格内填入适当的字，按箭头所指方向组成四条成语。你能行吗？

所

所 — 所

所

成语玩家

答案

神魂颠倒
颠倒黑白
黑白分明

大打出手
出手大方
大方得体

神魂颠倒黑白分明

大打出手大方得体

答案

一无所长
一无所成
一无所有
一无所知

长所无
成所无一无所有
无
所
知

成语玩家

问题

图中写的是我国的四个城市名称，请你在每行空格中填上相关的字，使其成为四条成语。

洛	阳		
桂	林		
大	同		
邯	郸		

问题

图中写的是我国的四个城市名称，请你在每行空格中填上相关的字，使其成为四条成语。

四	平		
长	治		
乐	山		
淮	南		

答案

洛阳纸贵
桂林一枝
大同小异
邯郸学步

洛	阳	纸	贵
桂	林	一	枝
大	同	小	异
邯	郸	学	步

答案

四	平	八	稳
长	治	久	安
乐	山	乐	水
淮	南	鸡	犬

四平八稳
长治久安
乐山乐水
淮南鸡犬

成语玩家

问题

十字路中心的字为成语之头，请你在空格内填入适当的字，按箭头所指方向组成四条成语。你能行吗？

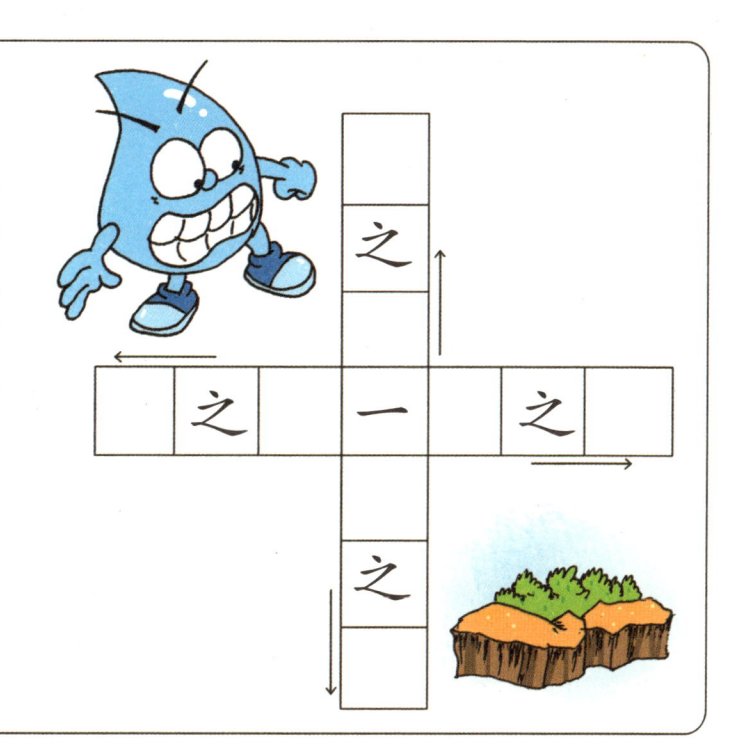

问题

请你在图中的空格内填入适当的字，使每一行的图与字组成一条成语。你能行吗？

013

成语玩家

答案

一面之交
一技之长
一丘之貉
一孔之见

		交			
		之			
		面			
长	之	技	一	丘	之	貉
		孔			
		之			
		见			

答案

手舞足蹈
口诛笔伐
翻云覆雨
虾兵蟹将

成语玩家

问题

请你在空格处填上适当的字，使它们成为与数字有关的四条成语。请你填填看。

一			
	一		
		一	
			一

问题

请你在空格处填上适当的字，使它们成为与数字有关的四条成语。你能行吗？

二	三		
	二		三
三		二	
	一		二

015

答案

一鸣惊人
说一不二
万众一心
表里如一

一	鸣	惊	人
说	一	不	二
万	众	一	心
表	里	如	一

答案

二三其德
接二连三
三心二意
独一无二

二	三	其	德
接	二	连	三
三	心	二	意
独	一	无	二

成语玩家

问题

请你在空圈里填上合适的字，从上到下，从左到右组成三条四字成语。你能办到吗？

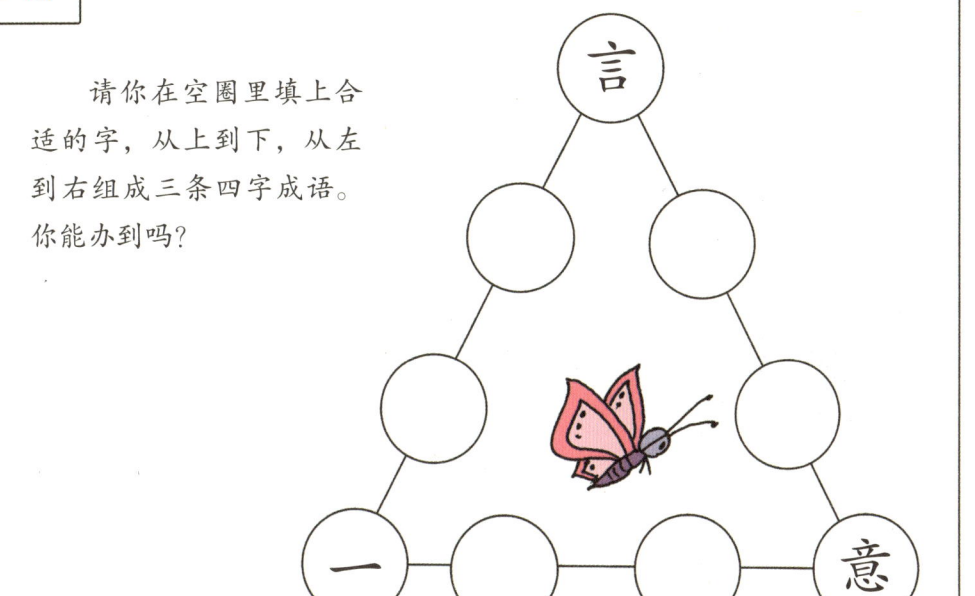

言

一　　　　　意

问题

请你在左面的空格处填上一个适当的词语，使其包含三条成语。你会填吗？

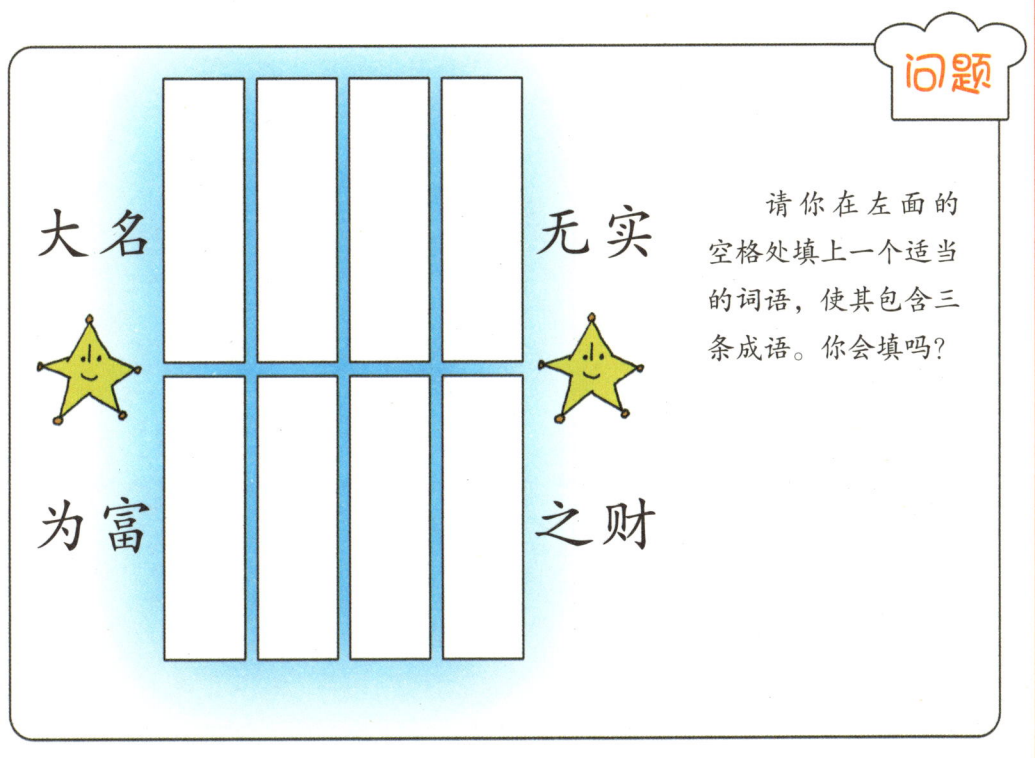

大名　　　　无实

为富　　　　之财

017

成语玩家

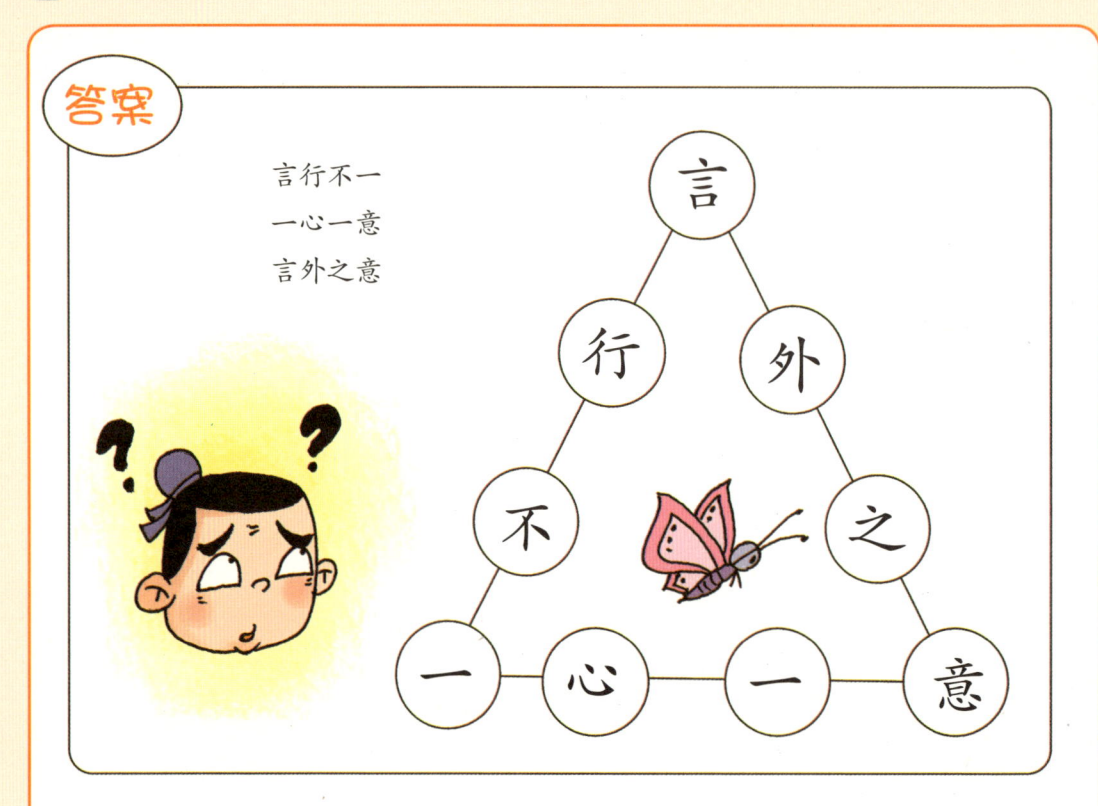

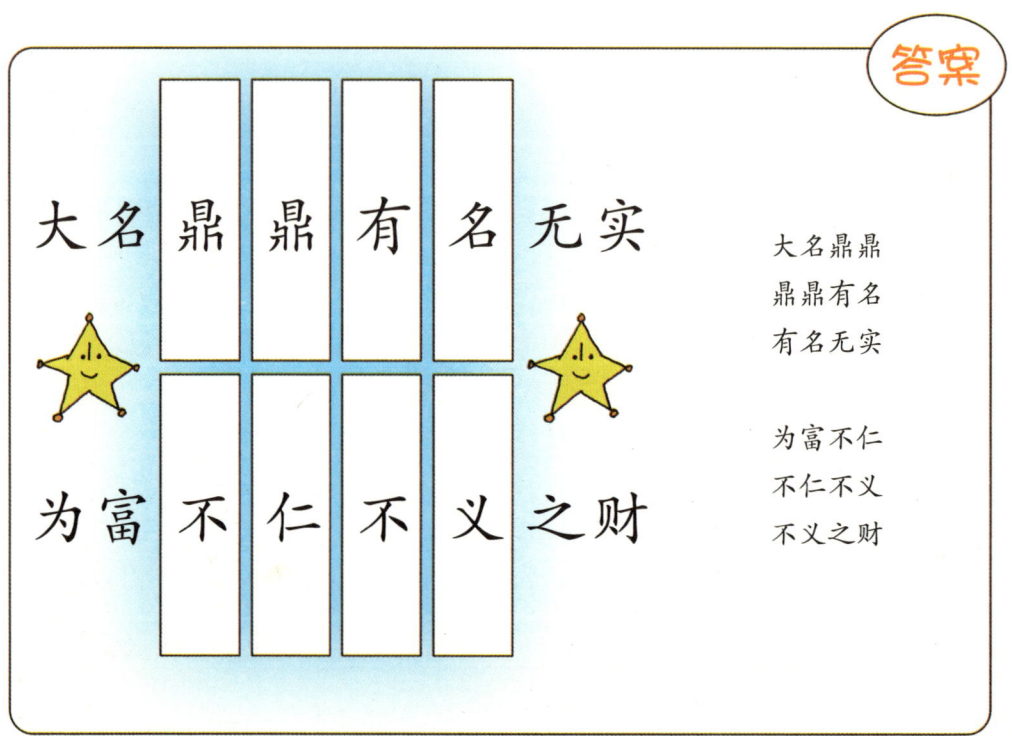

答案

言行不一
一心一意
言外之意

答案

大名鼎鼎
鼎鼎有名
有名无实

为富不仁
不仁不义
不义之财

问题

请你在图中的空格内填上适当的字，使每一行都成为一条成语。你能行吗？

			鼠
		鼠	
	鼠		
鼠			

问题

请你在图中空格内填上适当的字，使每一横行组成一条成语。你能办到吗？

鸡			
	鸡		
		鸡	
			鸡

019

成语玩家

答案

过街老鼠
抱头鼠窜
投鼠忌器
鼠目寸光

过	街	老	鼠
抱	头	鼠	窜
投	鼠	忌	器
鼠	目	寸	光

答案

鸡犬升天
闻鸡起舞
鹤立鸡群
呆若木鸡

鸡	犬	升	天
闻	鸡	起	舞
鹤	立	鸡	群
呆	若	木	鸡

成语玩家

问题

请你在这个车轮状的格内填空,使它组成若干成语(由中心向外辐射填写)。

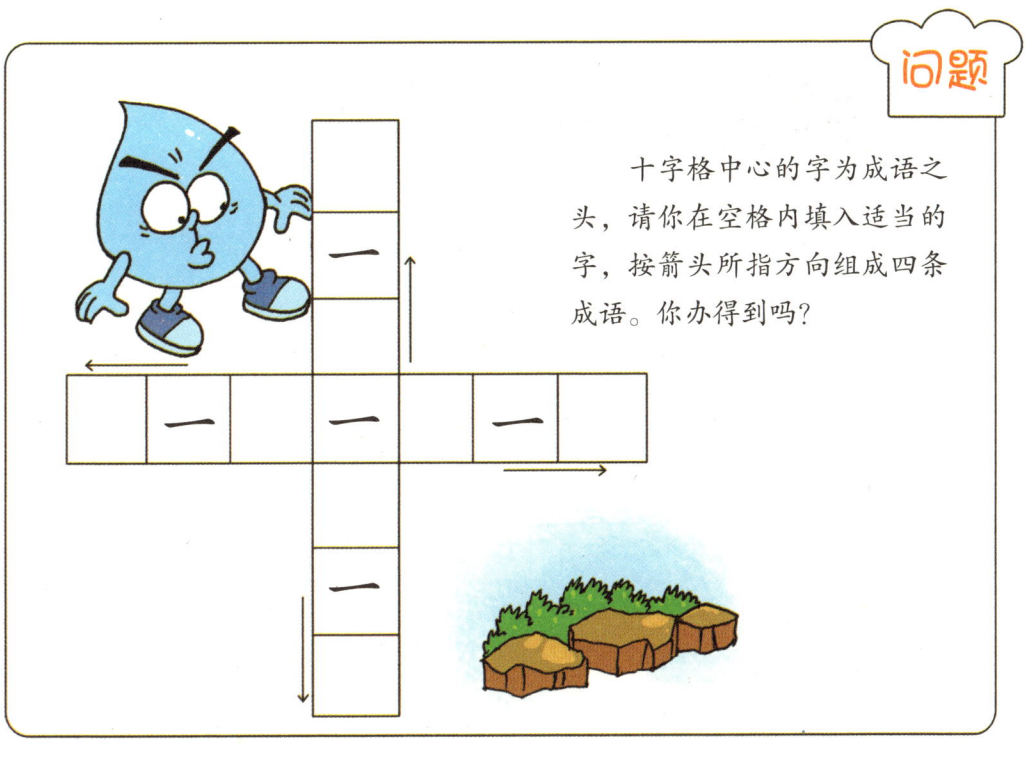

问题

十字格中心的字为成语之头,请你在空格内填入适当的字,按箭头所指方向组成四条成语。你办得到吗?

成语玩家

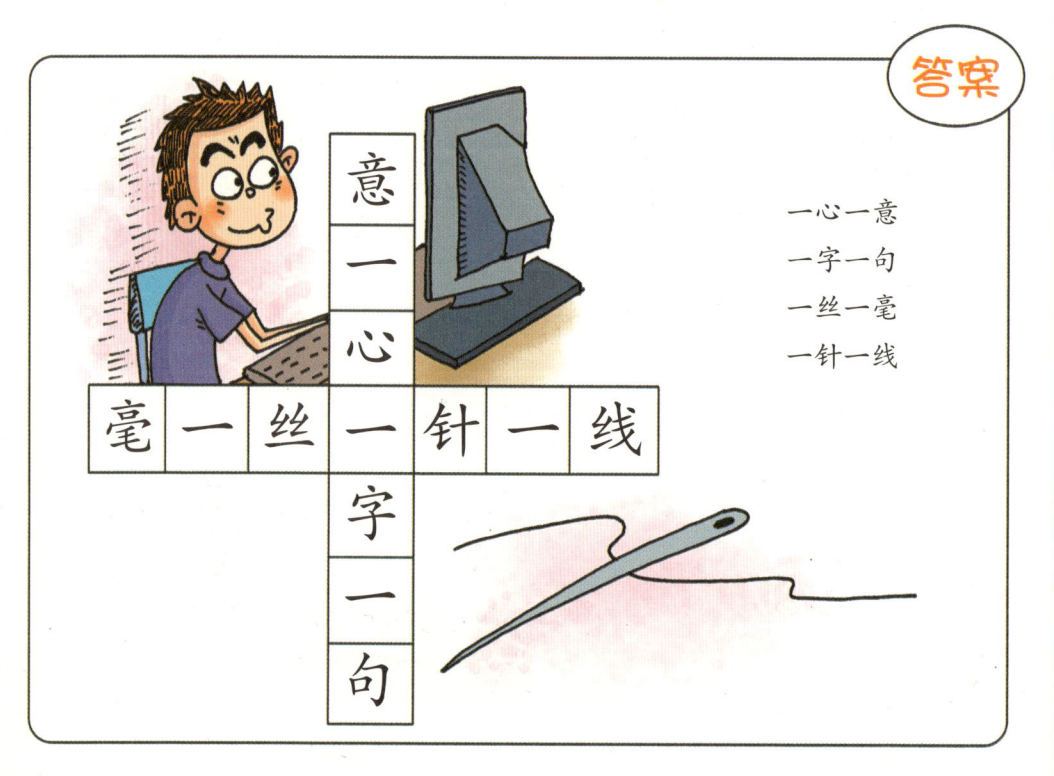

答案

不义之财
不毛之地
不时之需
不白之冤
不治之症
不经之谈
不法之徒
不速之客

答案

一心一意
一字一句
一丝一毫
一针一线

问题

请你在空格处填入适当的字，使它们每一行成为一条成语。你能办到吗？

			牛
		牛	
	牛		
牛			

问题

请你在图中空格处填入适当的字，使其每一行都组成一条成语。你能行吗？

			兔
		兔	
	兔		
兔			

成语玩家

答案

卖刀买牛
气冲牛斗
汗牛充栋
牛鬼蛇神

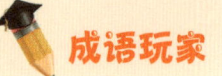

卖	刀	买	牛
气	冲	牛	斗
汗	牛	充	栋
牛	鬼	蛇	神

答案

守株待兔
乌飞兔走
狡兔三窟
兔死狐悲

守	株	待	兔
乌	飞	兔	走
狡	兔	三	窟
兔	死	狐	悲

问题

请你在图中的空格内填入适当的字，使每一行的图与字组成一条成语。你能行吗？

问题

请你在大方格间的四个小方格内填入一条成语，这条成语的前两个字分别与左上角和右上角的两个字结合，能各自组成一条成语，后两个字分别与左下角和右下角的两个字结合，能各自组成一条成语。

成语玩家

答案

举手投足
骇龙走蛇
一龙一猪
一琴一鹤

答案

一匡天下
天下归心
歌舞太平
太平盛世

成语玩家

问题

你能把空填上，让右面的这个方阵组成五条成语吗？好好想一想吧！

万		一	失
	师		
俱	自	二	落
灰			

问题

请你在每个空格内填上一个字，使其成为四条首尾相接的四字成语，要求每句成语中必须有一个"虎"字，你会填吗？

藏			
			尾

027

成语玩家

答案

万无一失
万念俱灰
无师自通
一穷二白
失魂落魄

万	无	一	失
念	师	穷	魂
俱	自	二	落
灰	通	白	魄

答案

藏	龙	卧	虎
虎	口	余	生
生	龙	活	虎
虎	头	蛇	尾

成语玩家

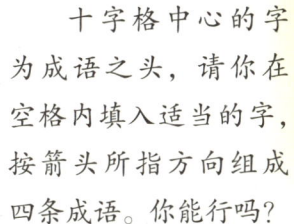

问题

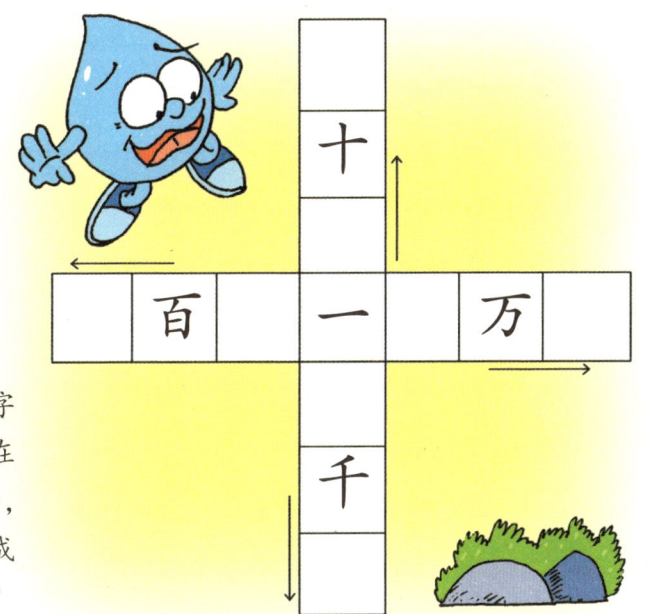

十字格中心的字为成语之头，请你在空格内填入适当的字，按箭头所指方向组成四条成语。你能行吗？

十
百　一　　万
千

问题

请你在空圆内按箭头所指方向填上适当的字，使它们成为三条四字成语。你会填吗？

百　　百
百

029

答案

一目十行
一日千里
一碧万顷
一了百了

```
        行
        十
        目
了 百 了 一 碧 万 顷
        日
        千
        里
```

答案

百发百中
百依百顺
百战百胜

胜 → 百 发 百 中 → 依 → 百 → 顺

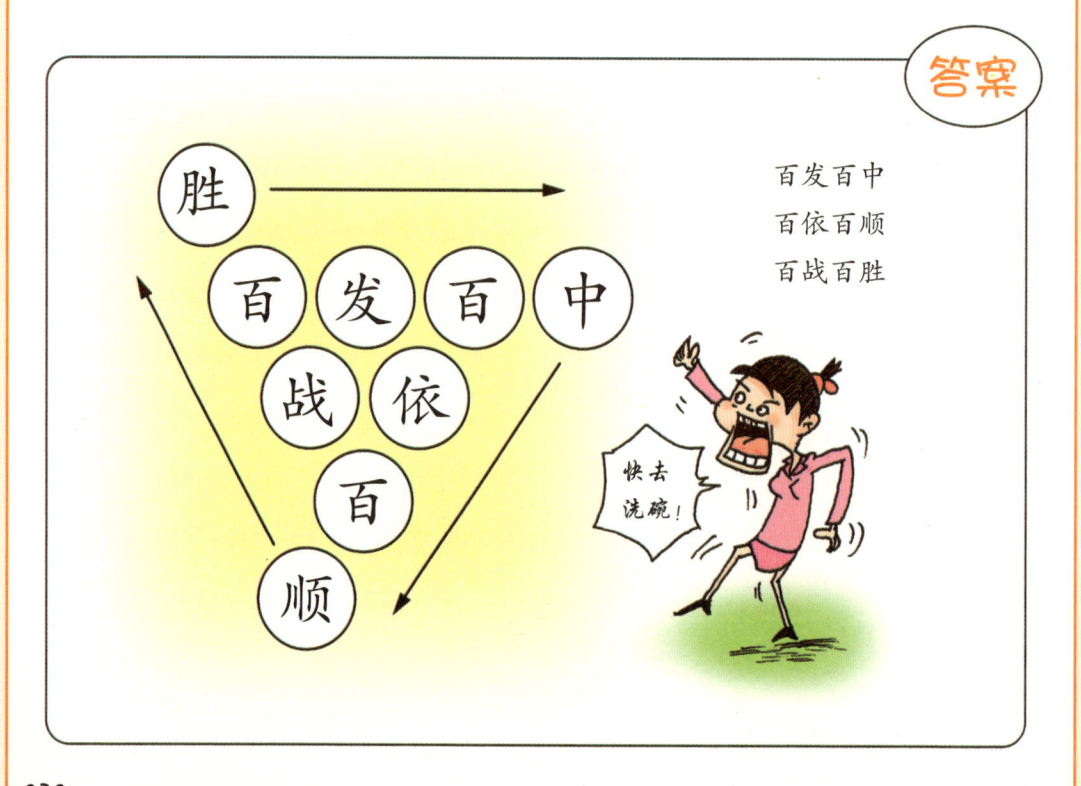

快去洗碗！

成语玩家

问题

请你在右面各行的空格处填上一个适当的词语，使其包含三条成语。你会填吗？

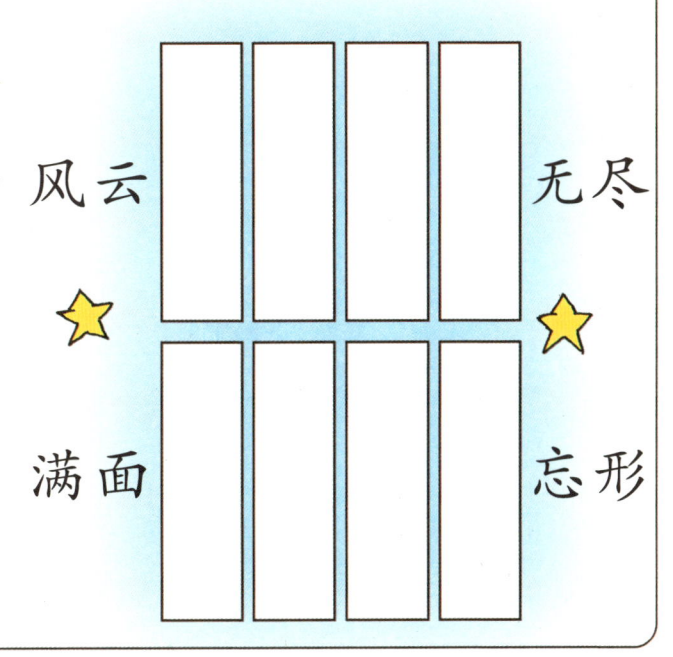

风云　□□□□　无尽

满面　□□□□　忘形

问题

请你在图中空格里填入适当的汉字，使每一行、每一列的四个字都能组成一条成语。该怎么填？

031

答案

风云变幻
变幻无穷
无穷无尽

满面春风
春风得意
得意忘形

风云变幻无穷无尽

满面春风得意忘形

答案

一见如故
举一反三
略见一斑
易如反掌

一	举		
略	见	一	斑
易	如	反	掌
故	三		

成语玩家

问题

请你在图中的空格内填入适当的字，使每一行的图与字组成一条成语。你能行吗？

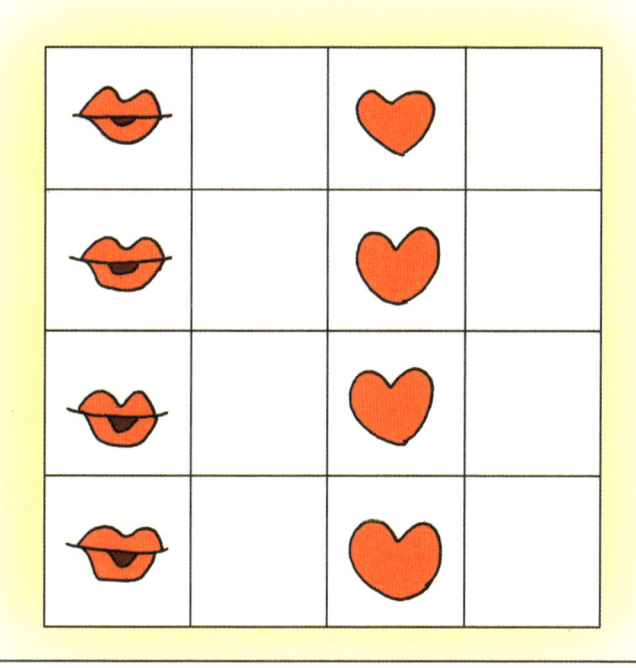

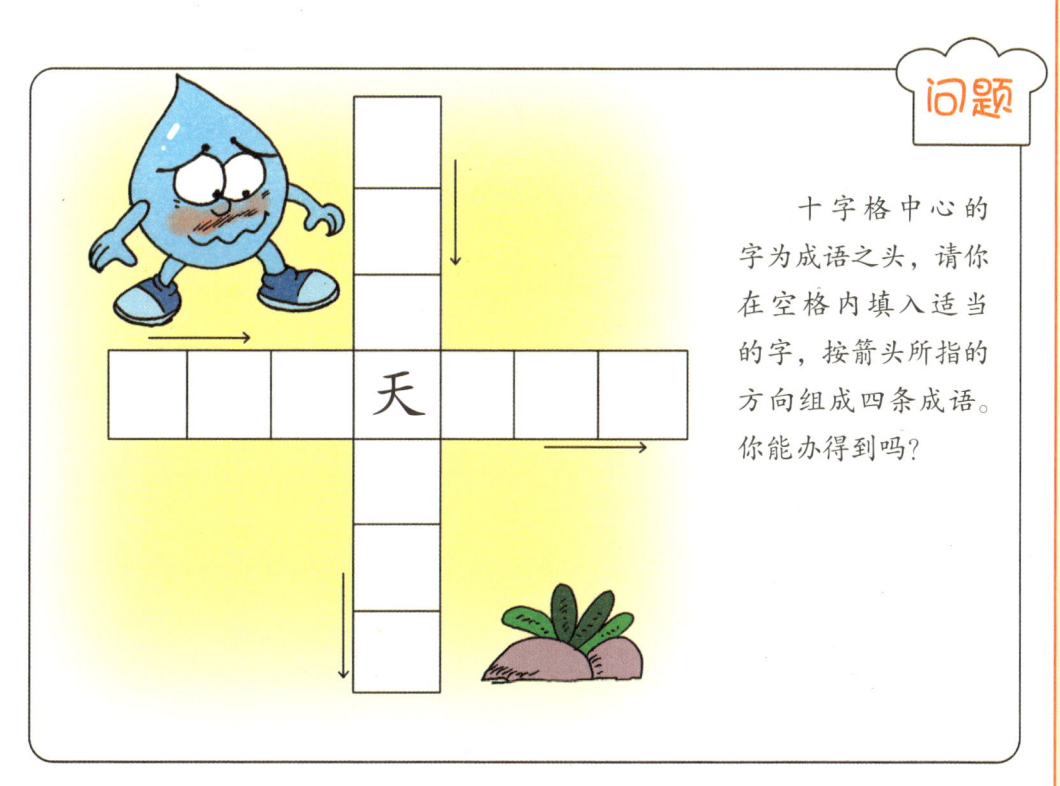

问题

十字格中心的字为成语之头，请你在空格内填入适当的字，按箭头所指的方向组成四条成语。你能办得到吗？

033

成语玩家

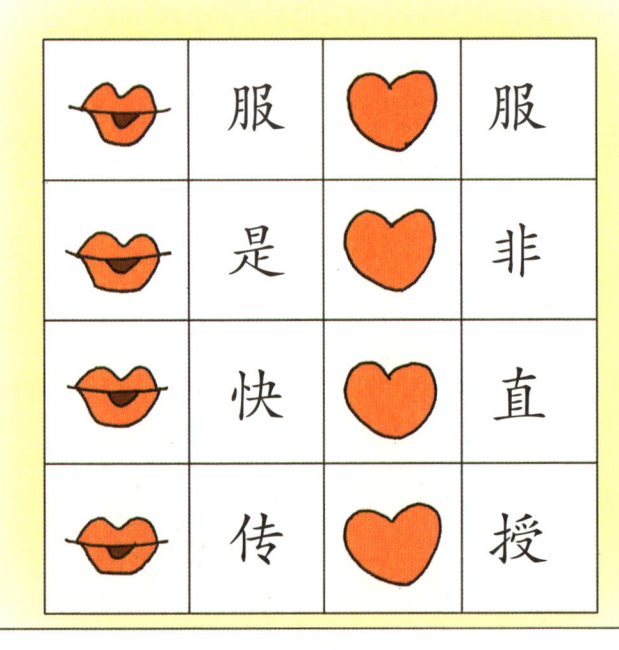

答案

口服心服
口是心非
口快心直
口传心授

👄	服	❤️	服
👄	是	❤️	非
👄	快	❤️	直
👄	传	❤️	授

答案

人定胜天
一手遮天
天涯海角
天衣无缝

成语玩家

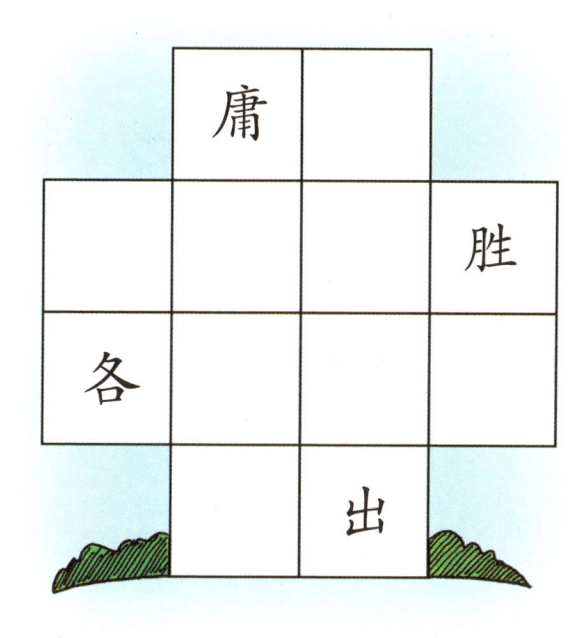

问题

请你在十字形图案的空格里填入适当的字，与图案中原有的字结合起来，使每一行和每列的四个字都能组成一条成语。你会填吗？

（图中已有字：庸、胜、各、出）

问题

请你在图中的空格里填上适当的字，使所填的字与"大"字组成八条成语。你能办到吗？

成语玩家

答案

	庸	量	
引	人	入	胜
各	自	为	政
	扰	出	

答案

这下明白了吧!

摆大样 — 大手大脚 — 大是大非 — 大恩大德 — 大吹大擂 — 大起大落 — 大慈大悲 — 大摇大摆 — 大模大样

036

成语玩家

问题

请你在图中的空格内填入适当的字，使每一行的图与字组成一条成语。你能行吗？

问题

十字格中心的字为成语之头，请你在空格内填入适当的字，按箭头所指方向组成四条成语。你能行吗？

037

成语玩家

答案

花好月圆
花残月缺
花前月下
花容月貌

花	好	月	圆
花	残	月	缺
花	前	月	下
花	容	月	貌

答案

稀人广
谊之主地灵人杰
大
物
博

成语玩家

问题

请你在这个图形的空格里填满汉字，使其能纵横交错地组成八条四字成语。你能办到吗？

杜						二
	锥					水
		不			正	
			尽	支		

问题

请你在空格中填上适当的字，使圆环上的字按箭头所指方向组成成语。下一个成语的第一个字要和上一个成语中的最后一个字重合。你能办到吗？

圆环上的字：心、马、virtical 、万、查、丘

039

成语玩家

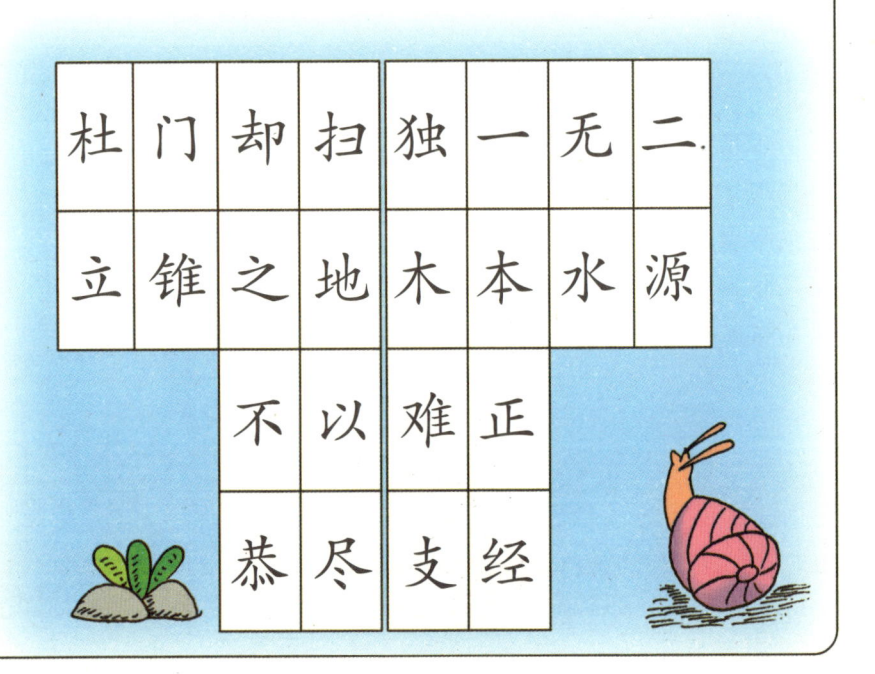

答案

杜	门	却	扫	独	一	无	二
立	锥	之	地	木	本	水	源
			不	以	难	正	
			恭	尽	支	经	

答案

心猿意马、马到成功、功败垂成、成千上万、万众一心

成语玩家

问题

十字格中心的字为成语之头，请你在空格内填入适当的字，按箭头所指方向组成四条成语。你能办到吗？

水

问题

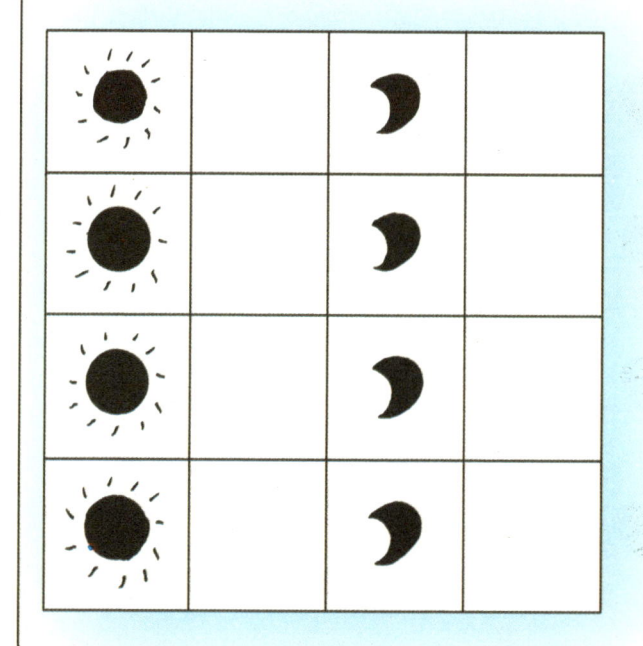

请你在图中的空格内填入适当的字，使每一行的图与字组成一条成语。你能行吗？

成语玩家

答案

一衣带水
跋山涉水泄不通
        落
        石
        出

答案

日新月异
日升月恒
日引月长
日东月西

042

成语玩家

问题

请你在图中空圆内填入适当的字，按箭头所指方向组成六条四字成语。你能行吗？

问题

十字格中心的字为成语之头，请你在空格内填入适当的字，按箭头所指方向组成四条成语。你办得到吗？

成语玩家

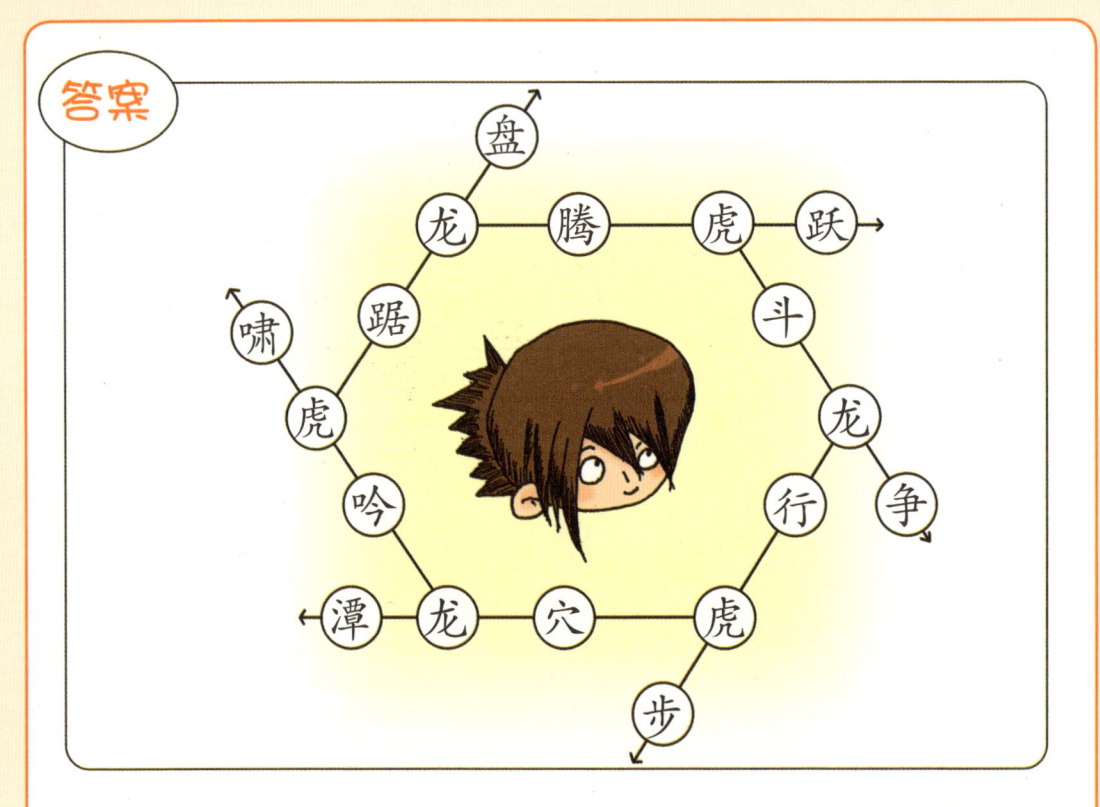

答案

盘龙 — 龙腾虎跃
龙踞 — 斗
啸虎 — 龙争
虎吟 — 龙行虎
潭龙穴虎步

答案

隔岸观火
煽风点火树银花
火中取栗

成语玩家

问题

请你在图中的空格内填入适当的字，使每一行的图与字组成一条成语。你能行吗？

问题

请你在图中空格里填上适当的字，使其组成六条成语，该怎么填？

045

成语玩家

答案

云飞雨散
云行雨施
云开见日
云雨巫山

答案

一言九鼎
听之任之
骑虎难下
九五之尊
九泉之下
九牛二虎之力

046

问题

请你在图中空格处填入适当的字，使其每一行都成为一条成语。你能行吗？

虎			
	虎		
		虎	
			虎

问题

请你在图中空格处填入适当的字，使其每一行都成一条成语。你能办到吗？

			马
		马	
	马		
马			

答案

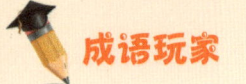

你填对了吗？

虎	口	余	生
为	虎	作	伥
狐	假	虎	威
如	狼	似	虎

答案

悬	崖	勒	马
蛛	丝	马	迹
老	马	识	途
马	到	成	功

问题

请你在下图空格中填入适当的字，使横向、竖向组成不同的成语。你能行吗？

问题

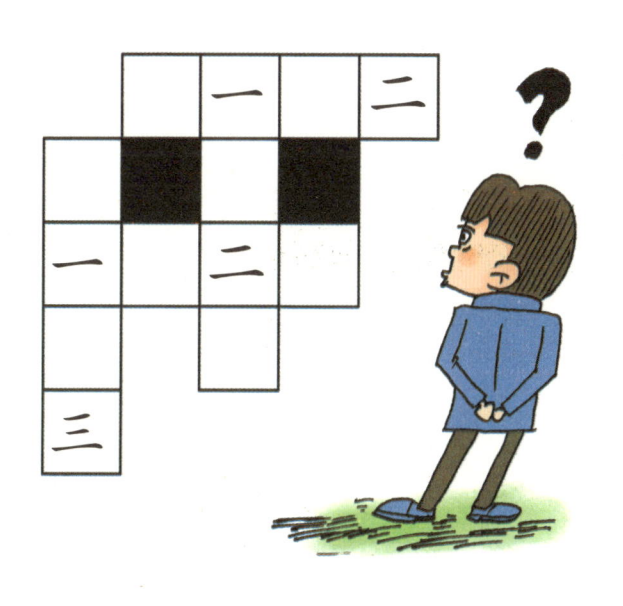

请你在空格处填入适当的字，使其横向与竖向组成不同的成语。你能办到吗？

成语玩家

答案

一模一样
一唱一和
一心一意
一朝一夕

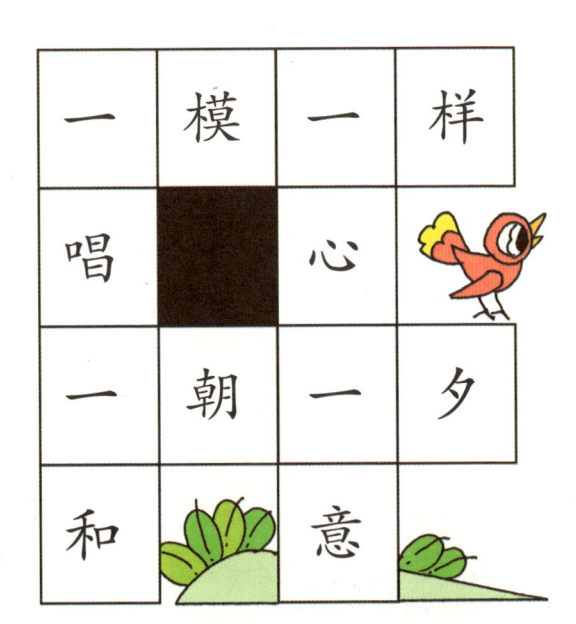

一	模	一	样
唱	■	心	
一	朝	一	夕
和		意	

答案

咱什么都没有。

说	一	不	二
举	■	干	■
一	穷	二	白
反		净	
三			

050

成语玩家

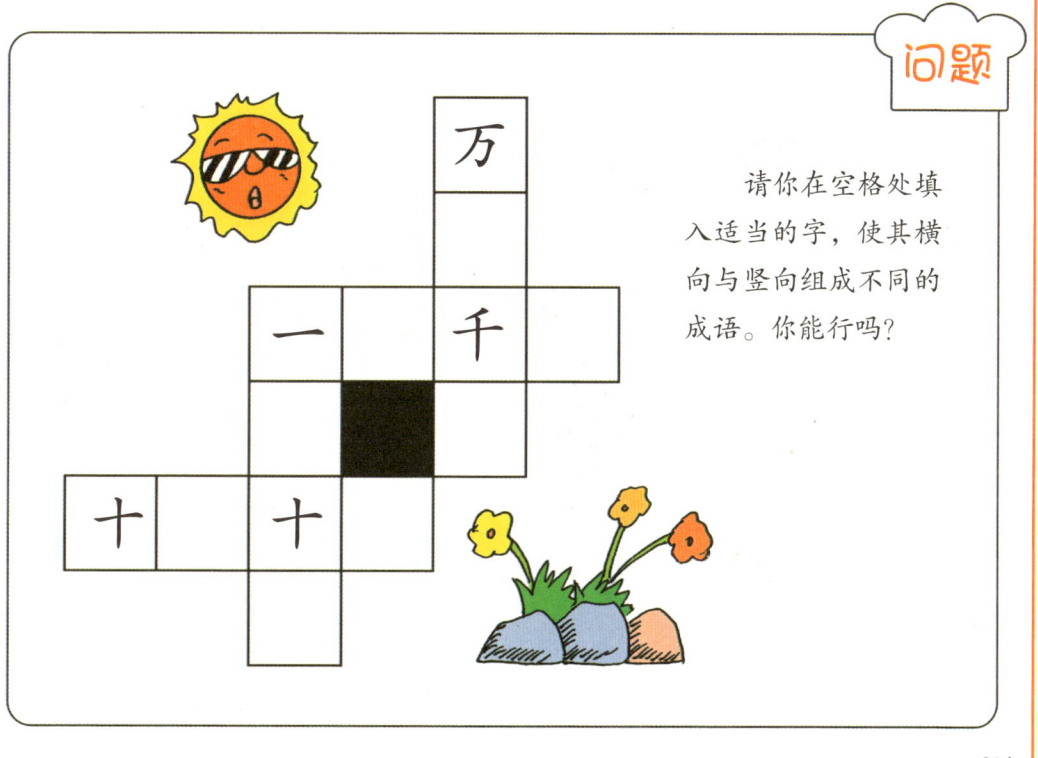

问题

请你在空格处填入适当的字，使其横向与竖向组成不同的成语。你能行吗？

	三			
	一	三		
		四	八	

问题

请你在空格处填入适当的字，使其横向与竖向组成不同的成语。你能行吗？

	万	
一		千
十	十	

051

成语玩家

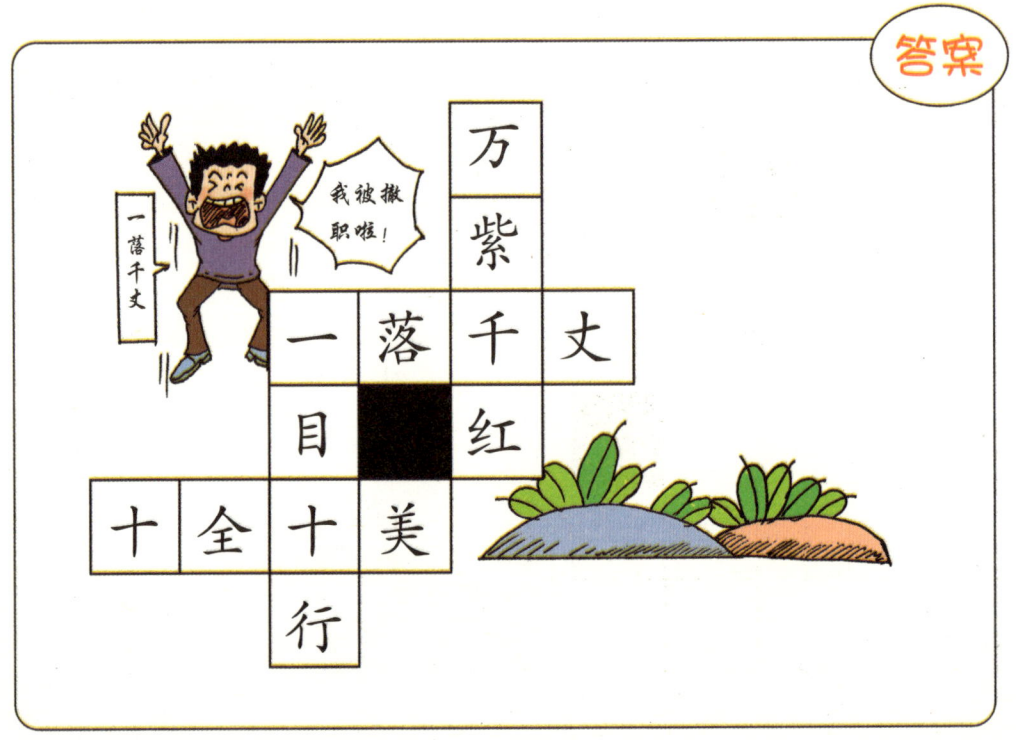

答案

三位一体
低三下四
一日三秋
四通八达

答案

一落千丈
万紫千红
一落千丈
一目十行
十全十美

我被撤职啦!

052

成语玩家

问题

请你在空格处填入适当的字，使其横向与竖向组成不同的成语。你能行吗？

	十		九		
		■			
		一		万	一
			■		
				一	

问题

请你在空格处填入适当的字，使其横向与竖向组成不同的成语。你能办到吗？

	三		五	
三		四		四
两		三		

053

成语玩家

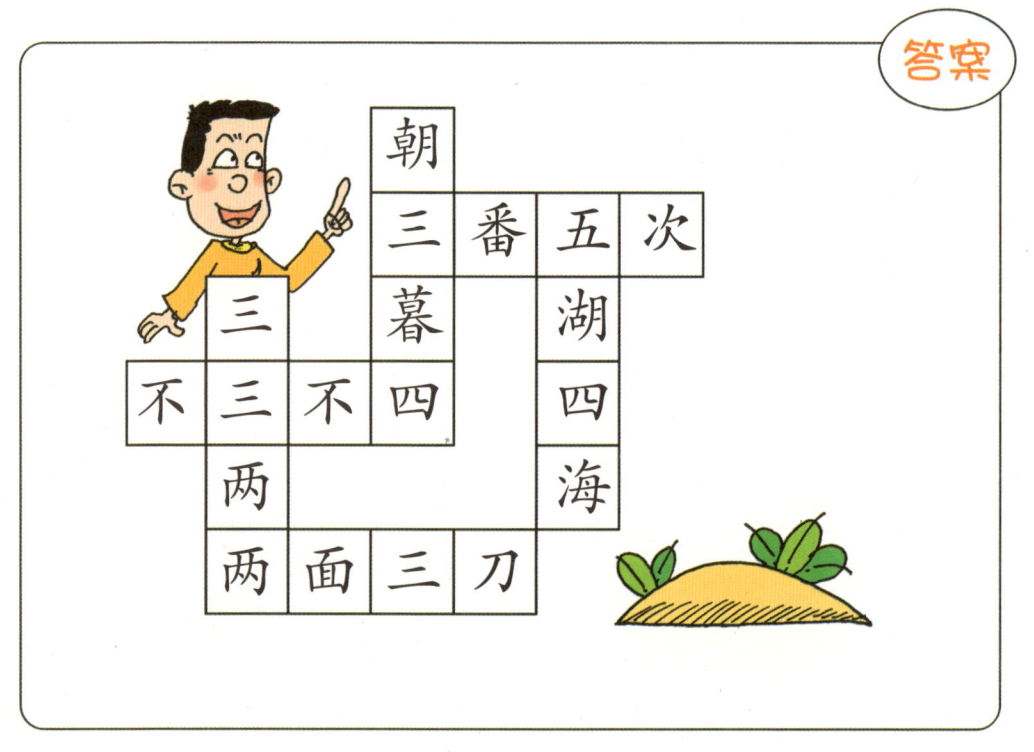

答案

十室九空
室死
挂一漏万
一生 无
数一数
独一无二
失

答案

朝三暮四
三番五次
三湖四海
不三不四
两
两面三刀

成语玩家

问题

右面这些成语是与花有关系的，你能填出来吗？

			花
		花	
	花		
花			

问题

左面这些成语与植物有关，你能填出来吗？

李			
	梅		
		桃	
			枣

成语玩家

答案

锦	上	添	花
月	夕	花	朝
百	花	齐	放
花	枝	招	展

答案

李	代	桃	僵
青	梅	竹	马
人	面	桃	花
囫	囵	吞	枣

问题

请在空格里填上合适的字，按顺时针方向组成首尾相接的四条连环成语。你能办到吗？

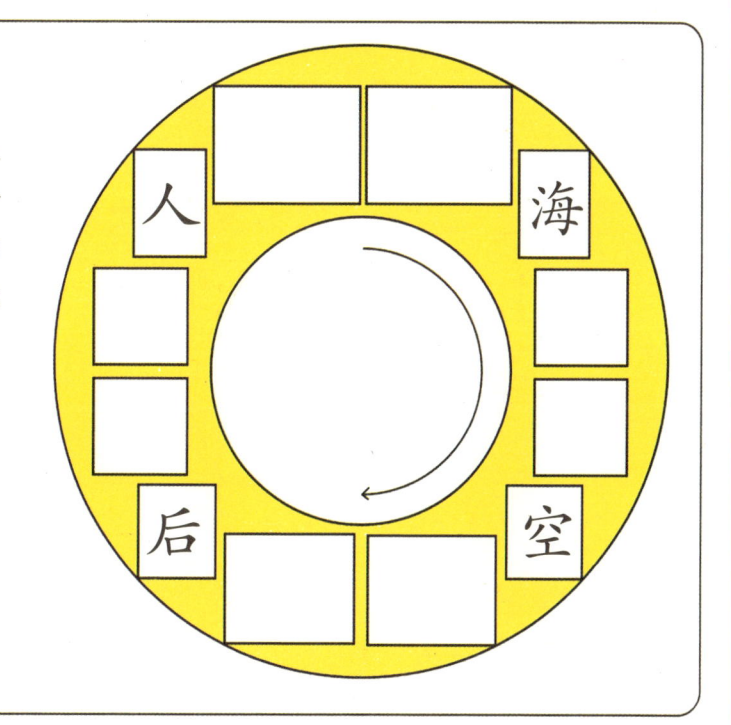

问题

请你在空格中填上适当的字，使其组成九条成语。你能办到吗？

相	兵	将			象	炮	马	车
			士	卒				

057

成语玩家

答案

山人海阔天空前绝后继有人

答案

相	兵	将	仁	无	象	炮	马	车
形	临	计	人	名	牙	火	到	水
见	城	就	志	小	之	连	成	马
绌	下	计	士	卒	塔	天	功	龙

咱将计就计！

问题

这是个首尾相接的成语游戏，请你在四个角填上正确的字，让每条边的四个字组成一条成语。

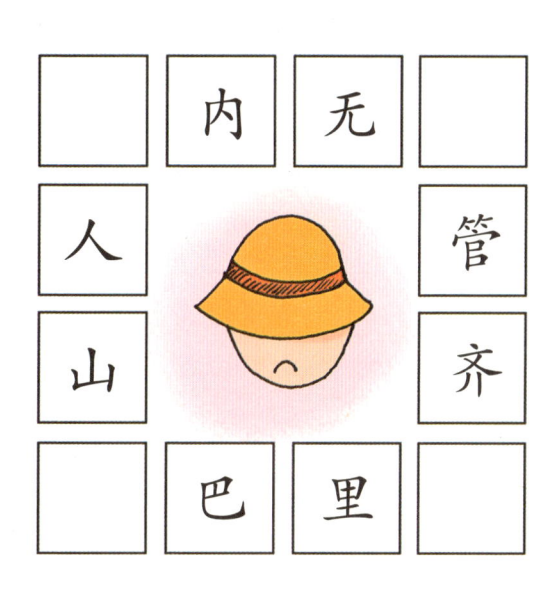

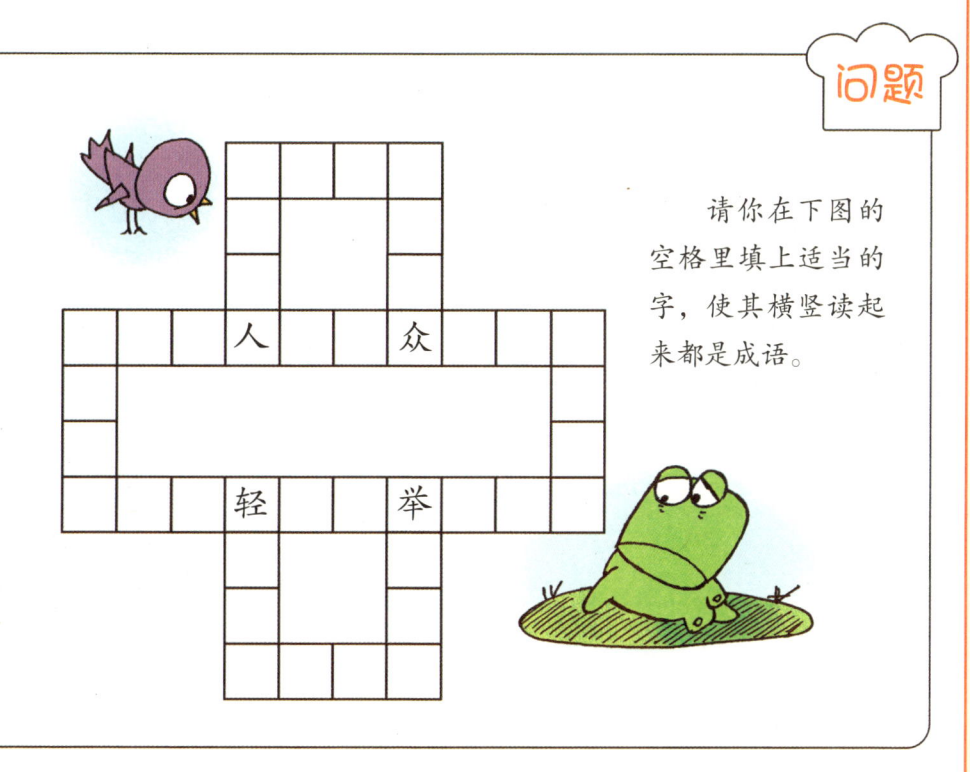

	内	无	
人			管
山			齐
	巴	里	

问题

请你在下图的空格里填上适当的字，使其横竖读起来都是成语。

（图中已给出：人、众、轻、举）

成语玩家

答案

海内无双
双管齐下
下里巴人
人山人海

海	内	无	双
人			管
山			齐
人	巴	里	下

答案

	自	高	自	大			
	欺		庭			
	欺		广			
先	声	夺	人	多	势	众	口	铄	金
发								刚
制								怒
人	微	言	轻	而	易	举	世	瞩	目
		重			国
		缓			上
		急	转	直	下

成语玩家

问题

请你在空格处填入适当的字，使其横向与竖向组成不同的成语。你能行吗？

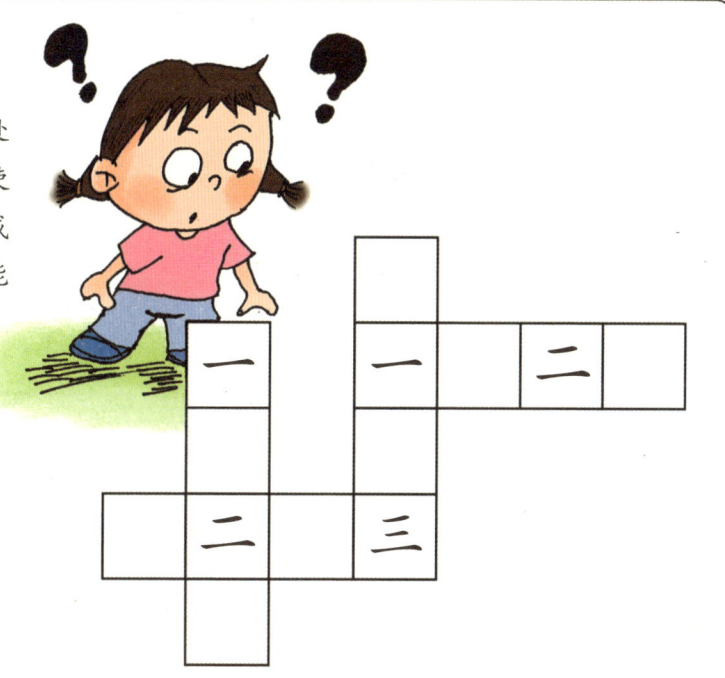

问题

请你在空的小圆里填上合适的字，按顺时针方向组成首尾相接的两条连环成语。

061

成语玩家

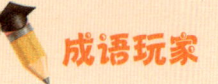

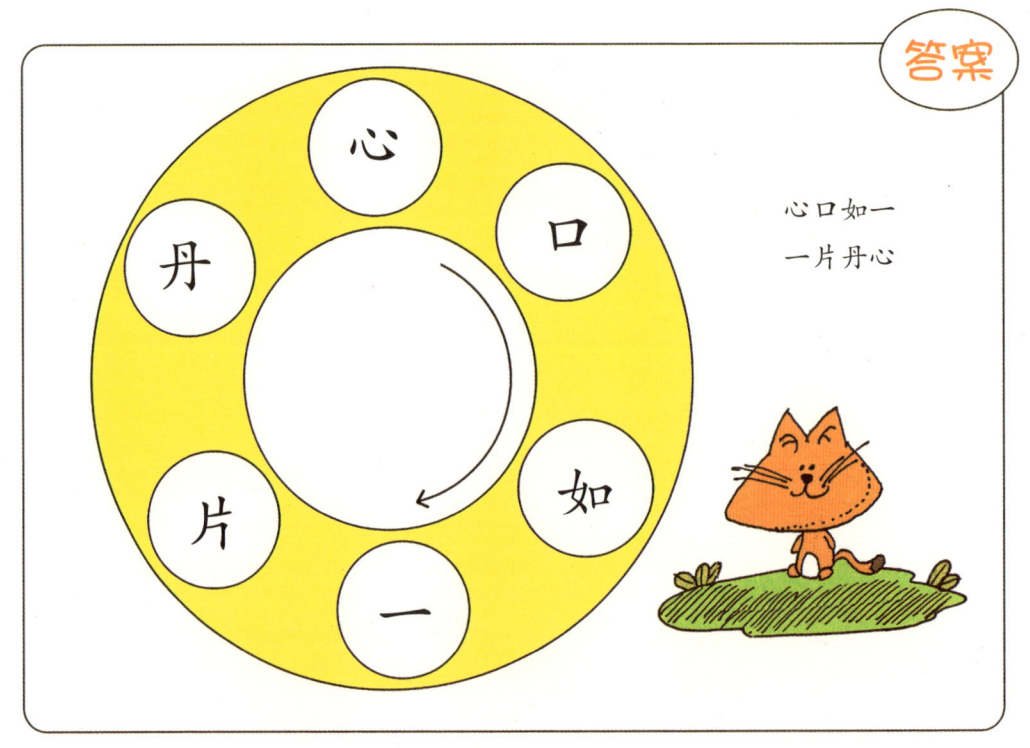

答案

一干二净
接二连三
举一反三
一差二错

答案

心口如一
一片丹心

成语玩家

问题

这是一道成语加法题。那么你知道这题的结果是什么成语吗？请你把它填到空格里。

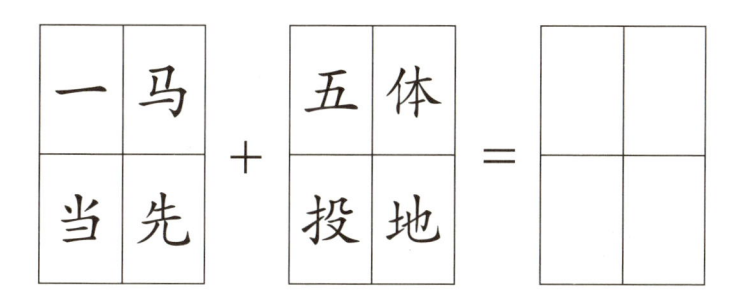

一	马
当	先

+

五	体
投	地

=

问题

这是一道成语算术题。那么你知道运算的结果是哪一条成语吗？请你把它填到空格里。

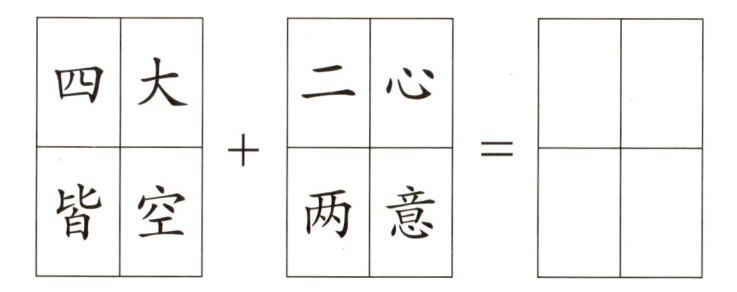

四	大
皆	空

+

二	心
两	意

=

成语玩家

答案

这事怎么办？

六神无主

一	马		五	体		六	神
当	先	+	投	地	=	无	主

答案

我是你大舅！

我不认识你！

六亲不认

四	大		二	心		六	亲
皆	空	+	两	意	=	不	认

成语玩家

问题

这是一道成语算术题。那么你知道运算的结果是一条什么成语吗？请你把它填到空格里。

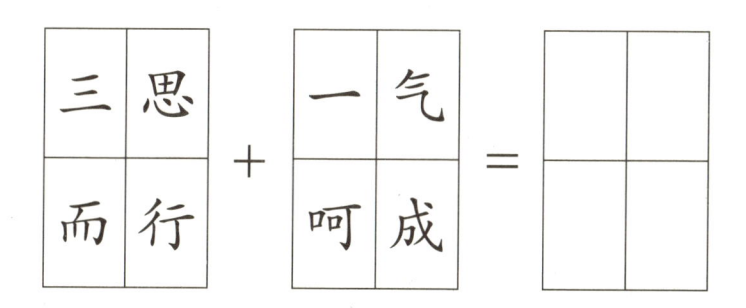

三	思
而	行

+

一	气
呵	成

=

问题

这是一道成语算术题。那么你知道运算的结果是哪一条成语吗？请你把它填到空格里。

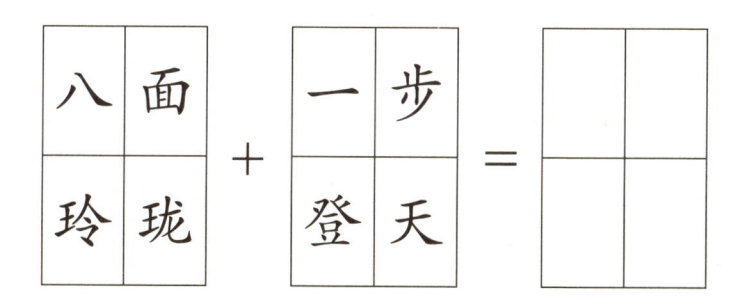

八	面
玲	珑

+

一	步
登	天

=

成语玩家

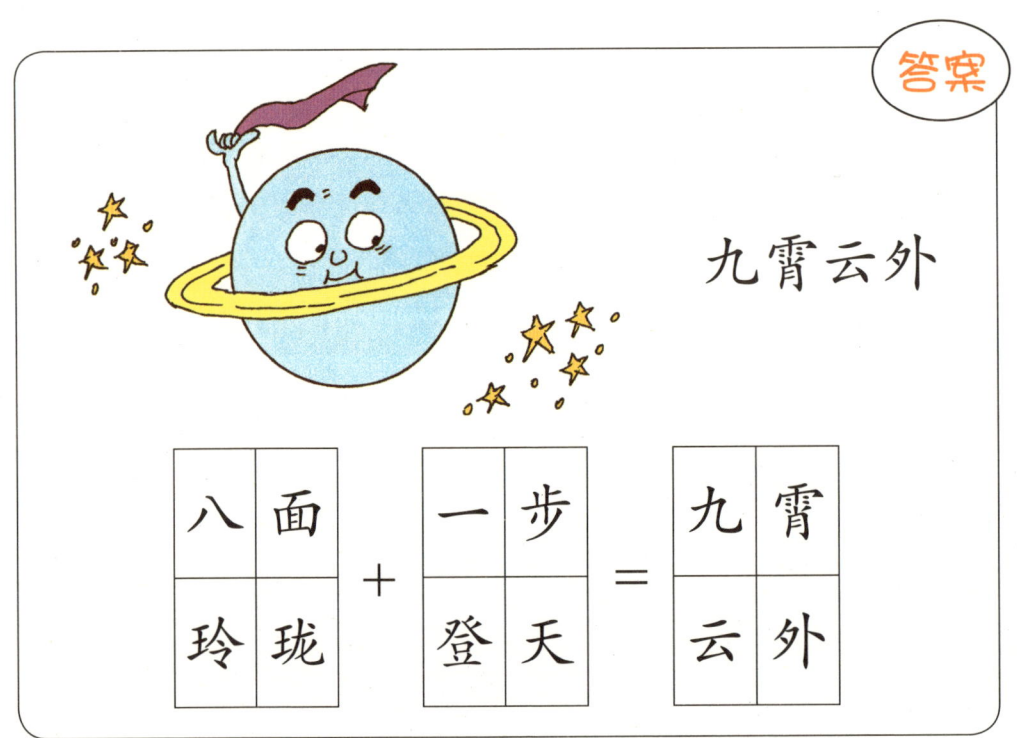

答案

四面楚歌

三	思		一	气		四	面
而	行	+	呵	成	=	楚	歌

答案

九霄云外

八	面		一	步		九	霄
玲	珑	+	登	天	=	云	外

问题

这是一道成语算术题。那么你知道运算的结果是哪一条成语吗？请你把它填到空格里。

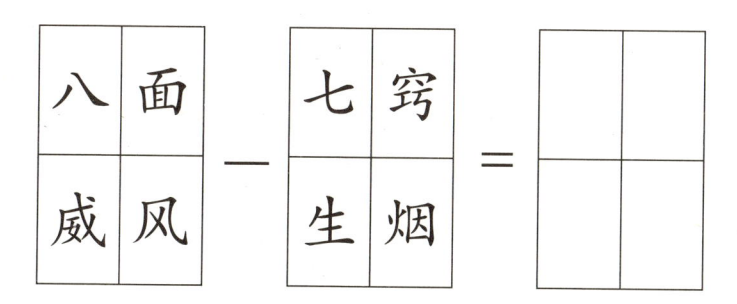

八	面
威	风

−

七	窍
生	烟

=

问题

这是一道成语算术题。那么你知道这道算术题的结果是什么成语吗？请你把它填到空格里。

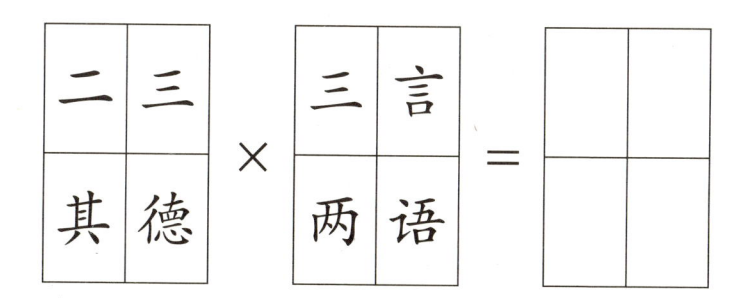

二	三
其	德

×

三	言
两	语

=

成语玩家

答案

一马当先

八	面		七	窍		一	马
威	风	—	生	烟	=	当	先

答案

六神不安

明天查账的就要来了，咋办？

二	三		三	言		六	神
其	德	×	两	语	=	不	安

成语玩家

问题

请你在空格里填上合适的字，从上到下，从左到右组成十条首尾相接的成语。你能办到吗？

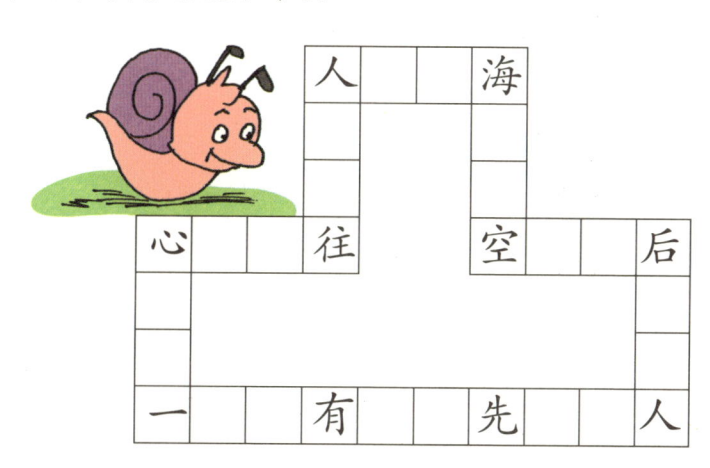

	人			海	
心		往		空	后
一		有		先	人

问题

请你在空格处填入适当的字，使其横向与竖向组成不同的成语。你能行吗？

```
      万
  一   千
  十   十
  三   九
```

069

成语玩家

答案

	人	山	人	海		
	来			阔		
	人			天		
心	驰	神	往	空	前	绝	后
口							继
如							有
一	无	所	有	言	在	先	声	夺	人

答案

		万		
		紫		
	一	落	千	丈
		日		红
	十	全	十	美
		拿		行
三	教	九	流	
		稳		

070

成语玩家

问题

请你在每个空棋子上填入一个适当的字，使横竖相邻的棋子都能连成一条四字成语。好好想想吧！

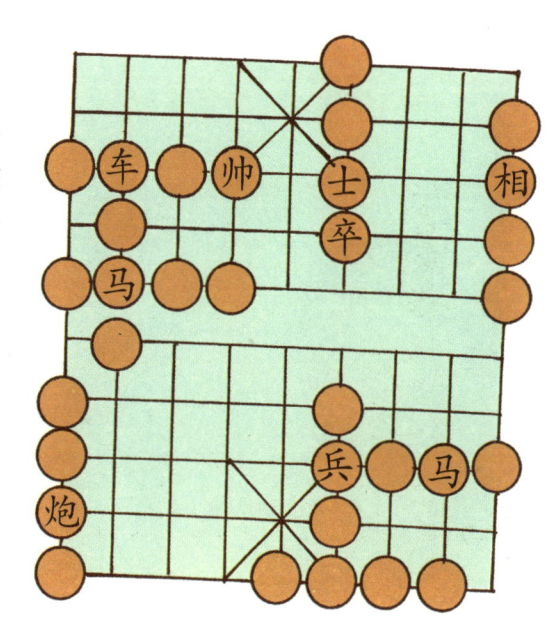

问题

请你在空格处填上合适的字，使它们横竖连接成成语。你能行吗？

成语玩家

答案

自相矛盾　如法炮制
身先士卒　调兵遣将
丢车保帅　兵荒马乱
车水马龙　行将就木
一马平川

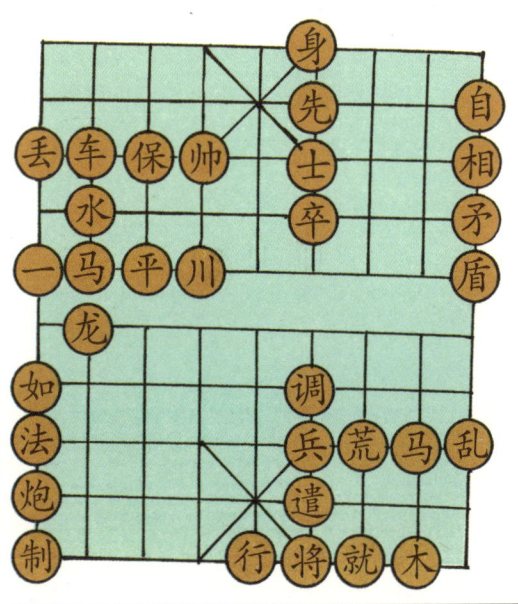

答案

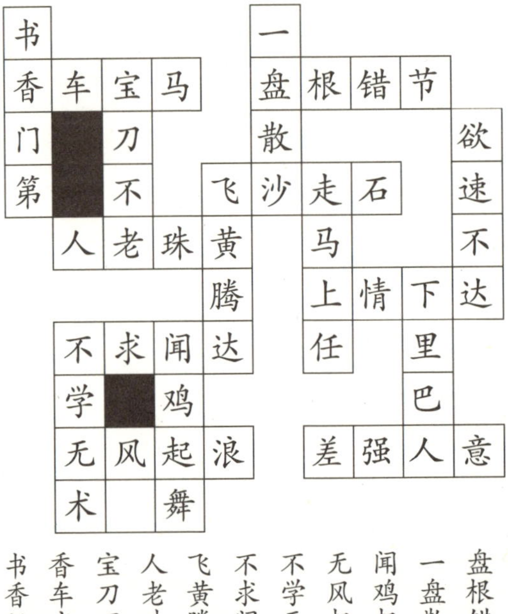

差强人意
下里巴人
欲速不达
上情下达
走马上任
飞沙走石
盘根错节
一盘散沙
闻鸡起舞
无风起浪
不学无术
不求闻达
飞黄腾达
人老珠黄
宝刀不老
香车宝马
书香门第

072

成语玩家

问题

这是一幅双鸟图,图中藏有四个汉字,这四个汉字可以组成一条成语,你能找出这条成语来吗?

问题

这是一幅莲花图,它组成了一条形容美好生活的成语,你能认出来吗?

成语玩家

答案

深入浅出

指讲话或文章的内容深刻，语言文字却浅显易懂。

> 同学们，这2是怎么来的呢，2就是由1个手指头再加上1个手指头，这就是2。

答案

安居乐业

安：安定；居：居所；乐：喜爱，愉快；业：职业。指安定地生活，愉快地从事其职业。

> 这样的生活真美好！

成语玩家

问题

这是一艘行驶中的船，你能看出它是由哪一条成语组成的吗？

问题

这是四件学习用具，你能看出来是一条什么成语吗？

075

成语玩家

答案

乘风破浪

乘：趁着。船只趁着风势破浪前进。比喻人的志向远大，气魄雄伟，奋勇前进。

答案

我这文房四宝是我爷爷传下来的！

文房四宝

俗指笔、墨、纸、砚。

问题

这儿有一盆长势十分旺盛的花儿，你能看出它是由一条什么成语组成的吗？

问题

这幅图有点特别，你能看出它是一条什么成语吗？

答案

江河日下

江河的水一天天地向下流。比喻情况一天天地坏下去。

现在精力和身体都不行了！

答案

珠联璧合

璧：平圆形中间有孔的玉。珍珠联串在一起，美玉结合在一块。比喻杰出的人才或美好的事物结合在一起。

哇老婆你戴这条项链真是太漂亮了！真是珠联璧合，互相辉映啊！

问题

这里的花儿开得十分鲜艳，可你看出它是一条什么成语组成的吗？

问题

这是一幅秋花图，它是由一条成语组成的，你能看出这是一条什么成语吗？

成语玩家

答案

花花世界

指繁华的、吃喝玩乐的地方，也泛指人世间。

答案

五花八门

原指五行阵和八门阵。这是古代两种战术变化很多的阵势。比喻变化多端或花样繁多。

问题

这是一只漂亮的蝉，可它是由一条成语组成的，你能看出是哪条成语吗？

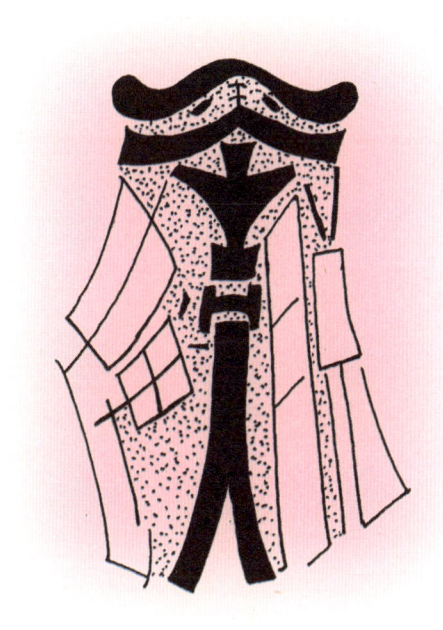

问题

这是一幅月圆图，你能看出它是由一条什么成语组成的吗？

金蝉脱壳

原意指金蝉变为成虫时，要脱去幼虫时的壳。比喻留下表面现象，实际上却脱身逃走。

快从后门溜吧！

我看你有点问题！

我行为正大光明，有什么问题？

正大光明

意指心怀坦荡，言行正派。

成语玩家

问题

这是一条十分美丽的鱼，其中含有一条成语，你看出来了吗，是哪条成语？

问题

这是一座秀美的亭子，可它却是由一条四字成语组成的，你能认出来吗？

083

鱼目混珠

把鱼眼珠杂混在珍珠中，比喻以假乱真，以次充好。

八面威风

形容神气足，声势盛。

问题

这幅图是由一条四字成语组成，你能找出来是哪一条成语吗？

问题

这是一个奇怪的"字"，根据图的意思，你能猜出这是一条什么成语吗？

答案

挥金如土

挥：散，出。挥霍钱财像泥土一样。形容人花钱慷慨或挥霍无度。

答案

空中楼阁

空中所显现的阁楼，悬挂在空中的楼房亭阁。指脱离实际的理论、计划或虚构的东西。也可喻为高明通达。

成语玩家

问题

这是一幅秋趣图，其实这是由一条成语组成的，你能找出来这是一条什么成语吗？

问题

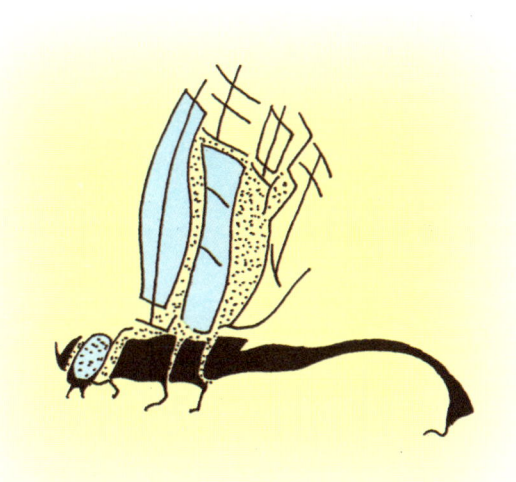

蜻蜓蜻蜓穿红衣。这只蜻蜓中藏有一条成语。你看出来了吗，是哪一条成语？

成语玩家

答案

文武双全

文：文才；武：武艺。能文能武，文才和武艺都很出众。

答案

蜻蜓点水

形容做事不深入、不仔细；也形容轻轻一吻。

问题

这是一幅柳月图，它组成了一条形容春天的成语，你能看出是哪一条成语吗？

问题

这幅图很漂亮，其实这是由一条成语组成的，你能看出来这是一条什么成语吗？

成语玩家

答案

春暖花开

春天气候温暖，百花盛开，景色优美。比喻游览、观赏的大好时机。

答案

花言巧语

指一味铺张修饰而无实际内容的言语或文辞。今多指虚伪而动听的话。

问题

这幅图暗藏着一条四字成语，你能看出来是哪一条成语吗？

问题

这幅图由一条四字成语组成，你能找出来这是哪一条成语吗？

成语玩家

答案

一窍不通

窍：洞，指心窍。没有一窍是贯通的。比喻一点儿也不懂。

这些符号我一个也不认识！

答案

知道我的厉害了吧？

落花流水

原来是形容残败的暮春景色。后常用来比喻被打得大败，也指残乱而零落的样子。

成语玩家

问题

这是一幅双鸟图，图中藏着一条成语，你能找出这条成语来吗？

问题

这是一幅三鸟图，其实这是由一条四字成语组成的，你能找出这是一条什么成语吗？

093

成语玩家

答案

人地生疏

人事不熟，地方陌生。指初到一地，对当地的人事和地理都不熟悉。

答案

六神无主

道家指主宰人的心、肺、肝、肾、脾、胆的神灵；无主：没有主意。形容心慌意乱，拿不定主意。

问题

这是一幅秋图，其实它由一条四字成语组成，那么你能找出这条成语来吗？

问题

这幅图是由一条成语组成的，你能找出这条成语来吗？

答案

人去楼空

人已离去，楼中空空。比喻故地重游时睹物思人的感慨。

答案

花花公子

指衣着华丽、只会吃喝玩乐、不务正业的富家子弟。

成语玩家

问题

这幅图是由一条四字成语组成的，你能找出这条成语来吗？

问题

这幅图里有一条四字成语，你能找出来是哪一条成语吗？

成语玩家

答案

人财两空

　　人和钱财都无着落或都有损失。

"钱也没了，人也进监狱了。"

答案

助人为乐

　　指要乐于帮助别人。

问题

这幅图是由一条四字成语组成的，你能找出这是哪一条成语吗？

问题

这幅图是由一条四字成语组成的，你能找出是哪一条成语吗？

成语玩家

答案

九牛一毛

比喻极大数量中微不足道的一点。

你一个百万富翁，怎么只捐十元？

答案

举目无亲

举目，抬头看。抬起眼睛，看不见一个亲人。比喻单身在外，人地生疏，孤零零的，四处游荡。

成语玩家

问题

这幅图由一条四字成语组成，你能找出来是哪一条成语吗？

问题

这是一幅小鸟图，图中藏着一条成语，你能找出这条成语来吗？

成语玩家

答案

艰苦奋斗

在艰难困苦的条件下竭尽全力去工作或斗争。

答案

出神入化

神：神通；化：化境，即最高境界。形容技艺高超达到了绝妙的境界。

成语玩家

问题

这幅图是由一条四字成语组成，你能找出来是哪一条成语吗？

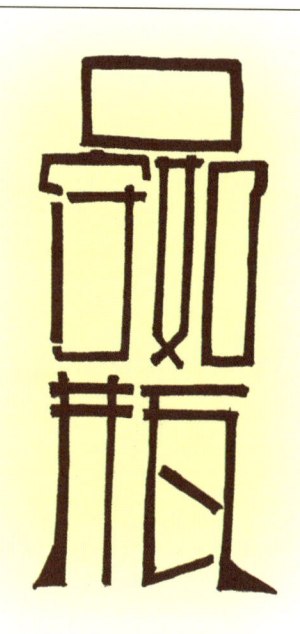

问题

这是一幅秋图，图中藏着四个汉字，这四个汉字可以组成一条成语，你能找出这条成语来吗？

103

成语玩家

答案

守口如瓶

守口：紧闭着嘴不讲话。闭口不谈，像瓶口塞紧了一般。是指说话谨慎，严守秘密。

> 周博士，可否透露一下新产品有何创新啊？

> 抱歉，直到新品发布会我都会守口如瓶，一个字都不会说！

答案

七零八落

零零散散不集中。形容零散稀疏的样子。特指原来又多又整齐的东西现在零散了。

成语玩家

问题

这幅图是由一条四字成语组成的，你能找出这条成语来吗？

问题

这幅画里有一条四字成语，你能找出来吗？

成语玩家

答案

七上八下

　　形容心里慌乱不安，无所适从的感觉。也指零落不齐或纷乱不齐。

这事儿怎么办才好呢？

答案

我只是沧海一粟。

沧海一粟

　　粟：谷子，即小米。大海里的一粒谷子。

106

成语玩家

问题

这幅图由一条四字成语组成,那么你能找出是哪一条成语吗?

问题

这幅图由一条四字成语组成,你能找出是哪一条成语吗?

107

成语玩家

答案

女中豪杰

豪杰：指才能出众的人。女性中的杰出人物。

答案

人多嘴杂

杂：杂乱，多种多样。谈论的人多，说法多种多样。也指在场的人多，七嘴八舌。

成语玩家

问题

你能看出这个图形是由哪一条成语组成的吗?

问题

这幅图由一条四字成语组成,你能找出是哪一条成语吗?

成语玩家

答案

叹为观止

叹为观止，谓赞叹观赏的对象精妙之极、完美之至。

这个雕塑真是妙极了！

答案

七嘴八舌

七嘴八舌，形容人多嘴杂，其说不一。也形容饶舌，多嘴。

班长选举大会

请同学们充分发表意见。

刘江　江山　王艳

成语玩家

问题

这幅图由一条四字成语组成，你能找出是哪一条成语吗？

问题

这幅图由一条四字成语组成，你能找出这是哪一条成语吗？

111

成语玩家

答案

杀身成仁

指为正义而牺牲生命。后泛指为了维护正义事业而舍弃自己的生命。

答案

山穷水尽

山和水都到了尽头。比喻无路可走陷入绝境。

成语玩家

问题

有四条形状奇特的鱼游来了,你能看出它们是由哪条成语组成的吗?

问题

这幅图由一条四字成语组成,你能找出是哪一条成语吗?

113

成语玩家

答案

借花献佛

用别人的花进献给菩萨，比喻拿别人的东西做人情。

答案

蒸蒸日上

一天天地向上发展。形容发展速度快。多指生活和生意。

成语玩家

问题

请你好好想一想，这表示一条什么成语?

问题

这个图形中有两个汉字，你能根据汉字的位置猜出暗含的是哪一条成语吗?

答案

左思右想

多方面想了又想。

答案

上行下效

行：做；效：仿效。上面的人怎么做，下面的人就学着怎么干。

成语玩家

问题

这个图形中有两个汉字,你能根据汉字的位置,猜出暗含的是哪一条成语吗?

欺

瞒

问题

这个图形中有两个汉字,你能根据汉字的位置,猜出暗含的是哪一条成语吗?

能

能

117

成语玩家

答案

欺上瞒下

解释为对上欺骗，博取信任；对下隐瞒，掩盖真相。

> 对上我这么说，对下我那么说。

答案

能上能下

干部不计较职位高低，不论处于领导岗位或在基层从事实际工作，都能踏踏实实地干。实行能上能下，是对干部职务终身制的一项重要改革。

> 咱才从局长的位子上下来！

成语玩家

问题

这个图形中有两个汉字,你能根据汉字的位置,猜出暗含的是哪一条成语吗?

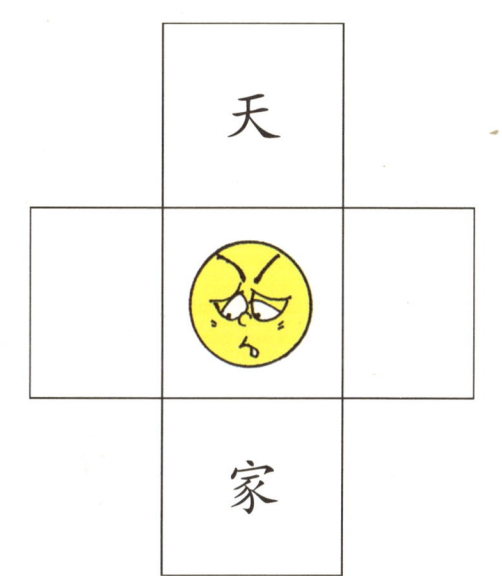

天

家

问题

这个图形中有两个汉字,你能根据汉字的位置,猜出暗含的是哪一条成语吗?

天

公

119

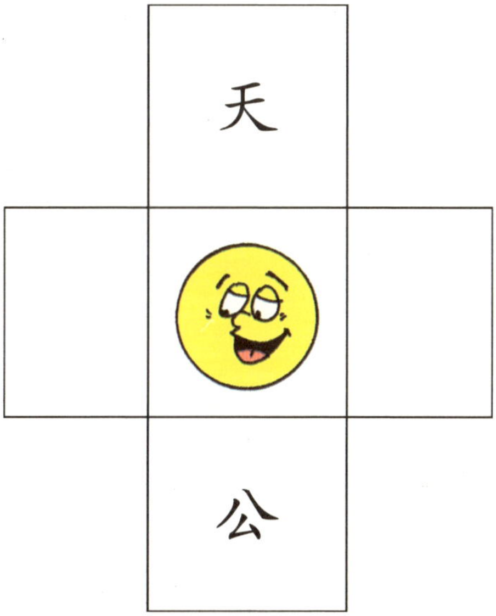

成语玩家

答案

天下一家

视天下人为一家，和睦相处。也指全国统一。

答案

天下为公

原意是天下是公众的，天子之位，传贤而不传子，后成为一种美好社会的政治理想。

成语玩家

问题

请你想想,这两个零暗示了哪一条成语?

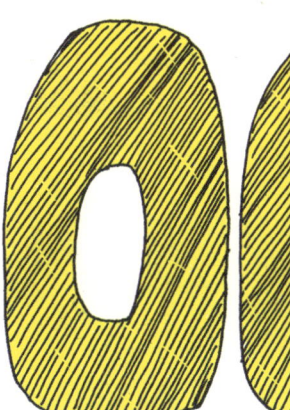

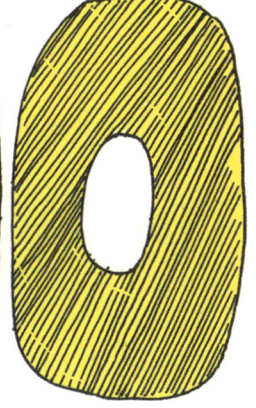

问题

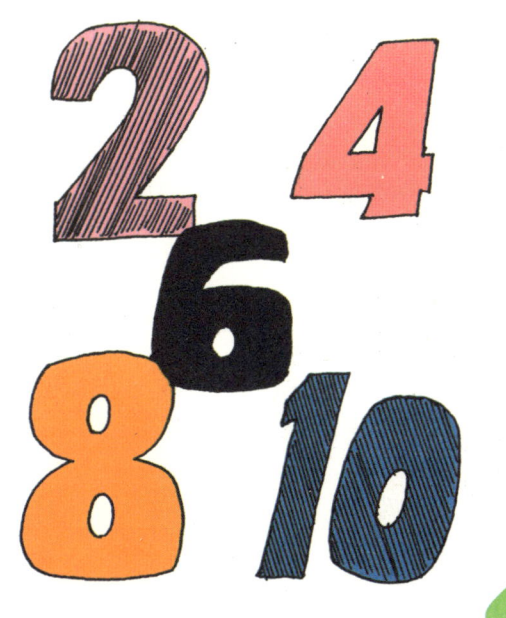

这儿有几个数字。请你好好观察一下,猜猜暗含的是哪一条成语?

成语玩家

答案

百无一失

　　形容有充分把握，绝对不会出差错。

> 这次我就能考一百分。

答案

无独有偶

　　表示罕见，但是不只有一个，还有一个可以成对儿。表示两事或两人十分相似。

成语玩家

问题

这是一个闹钟,请你仔细观察一下,然后说出它表示哪一条成语?

问题

这是一个闹钟,请你仔细观察一下,然后说出它表示哪一条成语?

成语玩家

答案

一干二净

形容十分彻底，一点儿也不剩。

> 你怎么忘得一干二净！

> 老师，这篇课文我一句也背不出！

答案

七零八落

零零散散不集中。形容零散稀疏的样子。特指原来又多又整齐的东西现在零散了。

> 怎么都跑到后面去了！

成语玩家

问题

这是一个闹钟，请你仔细观察一下，然后说出它表示哪一条成语？

问题

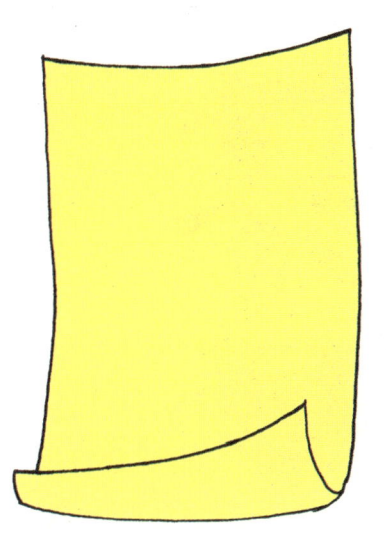

这是一张纸，上面什么也没写，你知道它能表示哪一条成语吗？

125

成语玩家

答案

丢三落四

形容做事马虎粗心或记忆力不好而顾此失彼。

答案

一纸空文

写在纸上没有兑现或不能兑现的东西。

问题

你能根据图中的字，猜出它表示哪一条成语吗？

问题

你能看出这幅图表示什么成语吗？

成语玩家

答案

立竿见影

意思是在阳光下把竿子竖起来，立刻就看到影子。比喻立刻见到功效。

答案

大刀阔斧

形容军队威猛的气势；现多比喻办事果断而有魄力。

成语玩家

问题

请你想想，这个圆表示哪一条成语？

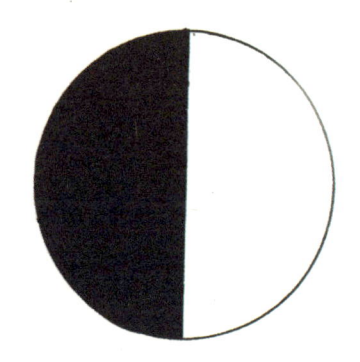

问题

这是一只普通的手，你知道它表示一条什么成语吗？

成语玩家

答案

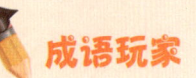

黑白分明

比喻是非界限很清楚。也形容字迹、画面清楚。

好人坏人我分得清！

答案

三长两短

指意外的灾祸或事故。特指人的死亡。

事故现场

成语玩家

问题

请你想一想,这个奇怪的图表示哪一条成语?

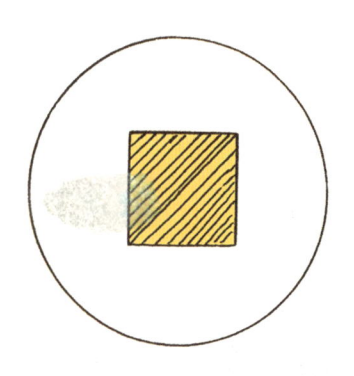

问题

请你想想,这个图形表示哪一条成语?

成语玩家

答案

一团漆黑

意思是形容一片黑暗，没有一点光明。也形容对事情一无所知。

哇，怎么一团漆黑！

答案

表里不一

意思为表面与内在不一样，一般用作形容人的品性。

世界闻名 宇宙第一 高科技

吹得凶，不就是一桶白开水嘛。

生命液体

成语玩家

问题

这个图很简单，可你知道它表示哪一条成语吗？

问题

看，这全是1。你知道它表示一条什么成语吗？

1111

成语玩家

答案

一板一眼

比喻言语、行动有条理符合规矩。有时也比喻做事死板，不懂得灵活掌握。

少小离家老大回，乡音无改鬓毛衰……

答案

独一无二

指没有相同的或没有可以相比的。形容十分稀少。

咱的宝剑独一无二，天下无敌！

成语玩家

问题

这是一个闹钟,请你仔细想一想,它表示哪一条成语?

问题

这是一个闹钟,请你仔细想一想,它表示哪一条成语?

答案

一时半刻

指很短的时间。

答案

一无所有

什么也没有。指钱财，也指成绩、知识。

成语玩家

问题

想一想，这个圆形最能表示哪一条成语？

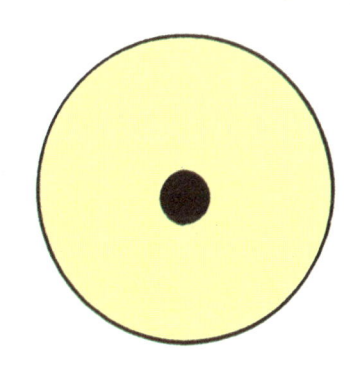

问题

做条围裙！

请你仔细看看，再好好想一想，这图表示一条什么成语？

137

成语玩家

答案

表里如一

形容言行和思想完全一致。

经理，我们产品的设计多华丽！看新包装！

不光要金玉其外，还要表里如一！

答案

大材小用

把大的材料用于小的用处，比喻人才使用不当。

我一个研究生，用来看大门！

成语玩家

问题

这是一条河受到污染的状况，请你根据图猜一条成语，你能行吗？

问题

你说这人怪不怪，既打鼓又吹号。你看可用哪一条成语来形容他呢？

答案

同流合污

同：一起。流：流俗。污：不好的。思想、言行与恶劣的风气、污浊的世道相合。多指跟着坏人一起做坏事。

答案

要让我去，也能拿全国第一！

我数学竞赛得了全国第一名。

自吹自擂

擂：打鼓。自己吹喇叭，自己打鼓。比喻自我吹嘘。

成语玩家

问题

这两位同学各自手上都拿有一个字，请你仔细想一想，这表示一条什么成语？

问题

这自来水流着，竟然没人管。你看可以用一条什么成语来形容？

成语玩家

答案

各有千秋

千秋：千年，引伸为久远。各有各的存在的价值。比喻在同一层次内各人有各人的长处，各人有各人的特色。

这两本书各有千秋。

答案

任其自流

指对人、对事不加约束、引导，听任其自由发展。

随你便吧！

妈妈，我去打游戏！

问题

你知道这幅图表示哪一条成语吗?

问题

我来了,你怎么走了!

这幅奇怪的图,它暗含了哪一条成语?

143

成语玩家

答案

盲人摸象

比喻看问题总是以点代面、以偏概全。

"我想，昨天那件事一定是小松干的！"

答案

一来二去

指经过一段时间，逐渐产生出某种情况。

"咱们一来二去，就……"

问题

这是一幅奇怪的图，你能看出它表示一条什么成语吗？

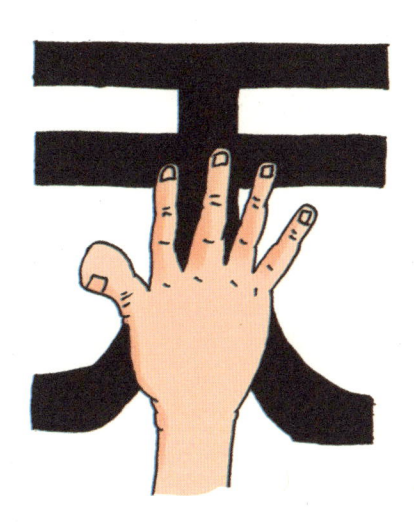

问题

这是一幅秋竹图，你能猜出这表示一条什么成语吗？

成语玩家

答案

一手遮天

一只手把天遮住。形容依仗权势，玩弄手段，蒙蔽群众。

答案

节外生枝

枝节处又生出权枝。比喻问题旁出，事外又发生事端。

成语玩家

问题

请你根据图中这个怪字，猜出它表示哪一条成语？

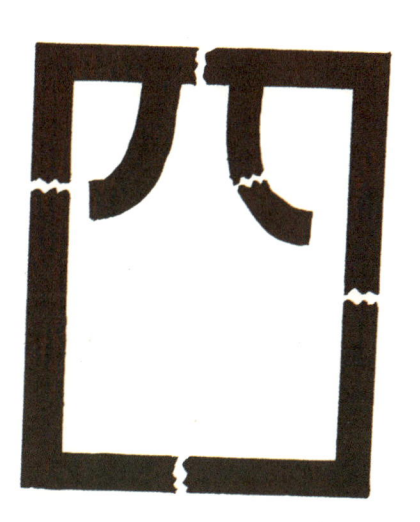

问题

请你想一想，这幅图表示了哪一条成语？

成语玩家

答案

四分五裂

四分五裂形容不完整，不集中，不团结，不统一。

> 别吵了，如果我们公司再这么意见不合四分五裂下去，是无法齐心协力战胜我们的老对手的！

> 应该这样。

> 应该那样！

答案

鸡飞蛋打

鸡飞走了，蛋打破了。比喻两头落空，一无所得。

> 球没接住！

成语玩家

问题

这是一个奇怪的字，在字典里你是无法查到的，但它表示一条成语，你仔细想想，它表示一条什么成语？

酒

问题

请你想一想，这幅图表示哪一条成语？

149

成语玩家

答案

石沉大海

石头沉到海底。比喻从此没有消息，或者比喻投入的东西得不到回报。

一点消息也没有！

答案

这两个家伙，把我这个媒人给甩了！

月下老人

原指主管婚姻的神仙，后泛指媒人。

成语玩家

问题

这是一个行走的人，根据图意，你想想，它表示哪一条成语？

问题

请你想一想，这幅图表示哪一条成语？

终于捉到你了！

成语玩家

答案

独断专行

专行：按个人的意思办事。行事专断，不考虑别人的意见。形容作风不民主。

答案

狗拿耗子

狗的职责是看守门户，猫是专捉老鼠的，所以狗替猫捉老鼠，就是多管闲事。

成语玩家

问题

请你想想,这幅图表示哪一条成语?

"这个字不认识。"

问题

请你根据这幅图的含义想一想,这表示哪一条成语?

答案

目不识丁

指连一个字也不认得，形容人不识字或没有学问。

> 一个也不认识，全是繁体字！

答案

一触即发

原指把箭扣在弦上；拉开弓等着射出去。比喻事态发展到了十分紧张的阶段，稍一触动就会立即爆发。泛指极易发生。

> 你为什么不听话！

成语玩家

问题

请你根据图中的这个怪"字"，猜一猜这表示哪一条成语？

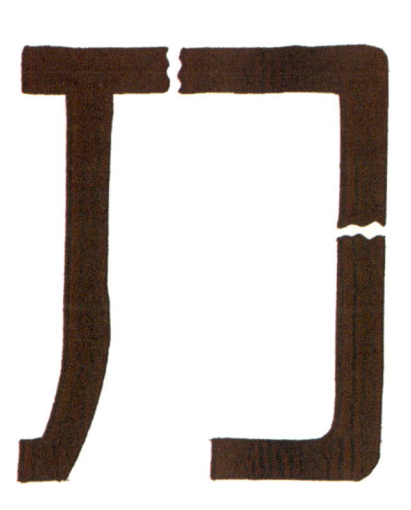

问题

这是一幅钓鱼图，请你想一想，这表示哪一条成语？

155

答案

一刀两断

比喻由于某种原因而感情破裂，单方或双方坚决断绝关系，从此不愿意来往。

要我的玩具，我与你一刀两断！

答案

揭竿而起

揭：举；竿：竹竿；指旗帜。揭竿为旗；奋起反抗。泛指人民起义。

你在学校又犯了什么错误？

成语玩家

问题

请你想一想，这幅图表示了哪一条成语？

都举半天了！

快下吧！

问题

请你想想，这表示一条什么成语？

成语玩家

答案

举棋不定

举：拿起，拿着。拿着棋子，不知该如何下。比喻做事多有顾忌，犹豫不决。

> 快点啊爷爷，再这样举棋不定太阳都快下山了……

答案

一衣带水

指虽有江河湖海相隔，但距离不远，不足以成为交往的障碍。

图书在版编目（CIP）数据

成语玩家 / 王维浩编著 .-- 长春：吉林科学技术出版社，2017.7（2022.8 重印）
（锻炼脑力思维游戏）
ISBN 978-7-5384-8032-0

Ⅰ. ①成⋯ Ⅱ. ①王⋯ Ⅲ. ①汉语—成语—少儿读物 Ⅳ. ① H136.31-49

中国版本图书馆 CIP 数据核字（2017）第 052386 号

锻炼脑力思维游戏：成语玩家
DUANLIAN NAOLI SIWEI YOUXI：CHENGYU WANJIA

编　　著	王维浩
编　　委	牛东升　李青凤　王宪名　杨　伟　石玉林　樊淑民 张进彬　谢铭超　王　娟　石艳婷　李　军　张　伟
出 版 人	宛　霞
责任编辑	吕东伦　高千卉
封面设计	冬　凡
插图设计	刘　俏　杨　丹　李　青　高　杰　高　坤
幅面尺寸	170 mm × 240 mm
开　　本	16
字　　数	100 千字
印　　张	10
版　　次	2017 年 7 月第 1 版
印　　次	2022 年 8 月第 4 次印刷

出　　版	吉林科学技术出版社
发　　行	吉林科学技术出版社
地　　址	长春市福祉大路 5788 号出版大厦 A 座
邮　　编	130118
发行部电话 / 传真	0431-81629529　81629530　81629531 　　　　　　　81629532　81629533　81629534
储运部电话	0431-86059116
编辑部电话	0431-81629516
印　　刷	德富泰（唐山）印务有限公司

书　　号	ISBN 978-7-5384-8032-0
定　　价	36.00 元

如有印装质量问题　可寄出版社调换
版权所有　翻版必究　举报电话：0431-81629506